# 散策&観賞 奈良大和路 編
## 古都の美術・歴史を訪ねて

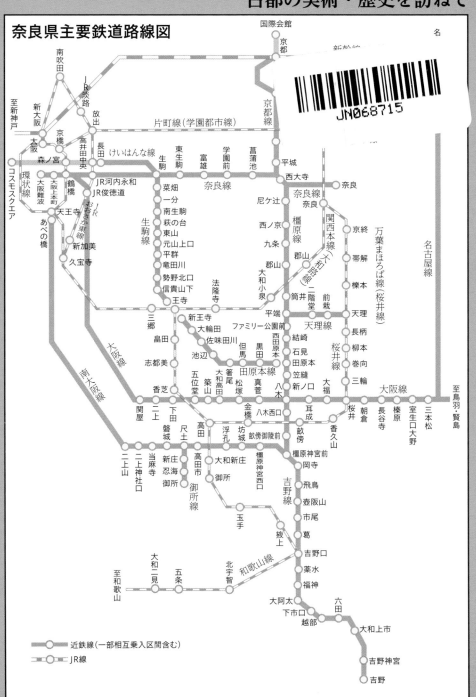

奈良県主要鉄道路線図

なだらかな山容をみせる大和三山

国宝や重要文化財をはじめとする宝物等を紹介する東大寺ミュージアム

猿石・亀石・酒船石、飛鳥には謎に満ちた石造物が多い

岡本宮・豊浦宮・板蓋宮など、多数の宮居が飛鳥に築かれた

## 序にかえて

木下　長宏

　奈良は、アテネやローマ、西安と並んで、世界の古都である。日本の文化の源流であると同時に、東西の文化が、交わり、成長していった美の運命を証する古都でもある。

　＜ヤマト＞とういうことばが、＜奈良＞を指すと同時に、＜日本＞の意味でも使われ、昔から＜ヤマト＞とういうことばのひびきに、日本人の心のふるさとを感じてきたのも、大和としての奈良が、日本の歴史に果たしてきた意義の大きさと深さを物語っている。

　5世紀に豪族葛城氏が大和盆地に登場して以来、春日、三輪、平群などに部族国家が生まれ、奈良は日本の歴史の主要舞台となった。

　百済から仏教が伝わって（538A.D.）、現在も奈良に残る伽藍や仏像が支える文化がくりひろげられた。

　その仏教は、インドに生まれ、古代中国から朝鮮を通って日本に伝えられたものであった。だから、奈良の仏像や堂宇伽藍のなかに、あるいは古墳の遺物のなかに古代の朝鮮や中国、インド系大陸の文化が影を落としている。しかも、古代のインドや中国の文明は、中央アジアを渡るシルクロードを通って、ペルシャや、さらにギリシャの文明とつながり、ギリシャの影は、法隆寺や唐招提寺のエンタシス風の柱などにも残っているのである。

　東大寺の境内にある正倉院は、何千という天平時代の宝物を納める日本最古の宝物庫だが、そこには、ペルシャのガラス器なども納められている。シルクロードを越え、中国から遣唐船に載って、大和に運ばれてきたのだ。

　織物やいろいろな器などに描かれた図柄や、仏像の光背、宝冠や瓔珞などに刻まれた文様は、ペルシャやギリシャとのつながりを色濃く見せ、天平期の日本が、どんなに国際的な彩り豊かな世界であったかを思わせる。

　隣国の朝鮮へ渡るだけでも、死を覚悟した船出をしなければならなかったような時代に、このような遠い世界との交流が実現していたのだ。

　仏教が日本へ渡来したということは、それまで日本にあった土着の信仰とはまったく異質の、新しい信仰と文化が輸入されてきたということである。そうして新しい文化と信仰を育てようとする人たちと、いまでも信仰を大切に護っていこうとする人たちとの間に、激しい争いがくりひろげられた。それが飛鳥時代である。

　飛鳥の文化は、これら凄惨な血で血を洗う争いの歴史が産み出したものである。いまは、のどかな田園風景をくりひろげる明日香の地の下には、呪われた悲劇の数々が秘められている。

　聖徳太子や蘇我馬子たちが物部族を滅ぼしたあと、仏教文化は急速な成長をみせて、大伽藍が、飛鳥に斑鳩に建てられた。そして、隋との交易も始まり、大陸文化との密接なつながりを背景にした日本文化の建設が始まった。

　飛鳥文化は、推古天皇とその摂政を務めた聖徳太子たちの指導の

下に成長していったが、学芸に工芸に、実際的な活動をした多くの中国や朝鮮から渡来した人たちもいた。

聖徳太子が亡くなったあと、太子の一族は蘇我入鹿たちに全滅させられ、その蘇我入鹿も中大兄皇子（後の天智天皇）に暗殺されるというような、めまぐるしい権力の争いや殺戮がくりかえされた。

堂々と落ち着いた風情をみせる法隆寺の五重塔や金堂の建物も、その中で静かに瞑想にふける如来や菩薩像も、こうしたはかない世の中の苦悩と悲哀を包む遠い仏の浄土の世界への祈りをこめて、彫られ築かれたものだろう。そこには、仏像や寺院建立の発願をした天皇や貴族たちの祈りもさることながら、その命を受けて全生活をその仕事に捧げた工人たちの、無名の願いや祈りもこめられている。

太子信仰などに支えられて、斑鳩の里に多くの堂宇・文化財が守られてきた

天皇たちは、世の中の平穏と繁栄を願って、たびたび首都を遷し、寺院を建て、仏像を刻ませつづけた。大化改新（645A.D.）や大宝律令（701A.D.）が施行されて、文化の規模は大きくなり、整備されていった。唐の国との交流が、文化の建設をいっそう豊かにさせたが、血で血を洗う権力争いも絶え間なくくりかえされていた。

遷都の中でも、平城京遷都（710A.D.）は最も大規模なもので、唐の長安（いまの西安）を真似てつくられた。以来80年間、天平の文化が平城京の上に栄えた。そして、薬師寺や東大寺など、大寺院が建立され、東大寺には大仏がつくられた。創建時には16mを超えたといわれるこの仏像は、まさに大仏として、天平文化の象徴となるべくつくられたのだ。

天平の甍を現在に伝える唐招提寺の伽藍

皇族や豪族たちが、それぞれの祈りをこめて建てた寺院は数多く、平城京は天平の甍の壮大な光景を展開したのだった。

現在の奈良市は、ほぼ当時の平城京と重なっており、佐紀・佐保路に沿って平城宮の跡も発掘されつつある。規模は小さくなったが、かつて栄えた寺院の遺構が、昔の名残を奈良の街々に留めている。

平安遷都（794A.D.）によって、都は京へ遷り、奈良は東大寺と興福寺の荘園と化した。それ以来、奈良盆地に勢力を誇ったのが、いまは奈良公園の中に昔の勢いを夢みるように建っているこのふたつの寺だった。

鎌倉時代に再興された興福寺

平安末期には、源平の戦いが日本列島をかけめぐり、奈良も戦乱の舞台となった。東大寺やそのほか多くの寺も、平氏によって焼討ちにされた。廃虚のようになった東大寺や興福寺が再興されだしたのは、鎌倉時代に入ってからである。奈良の諸寺の仏像や建物に、鎌倉期の名作が多いのは、この時代における精力的な南都復興の努力のおかげである。

安土桃山時代には、豊臣秀吉が天下を統一し、近畿一帯も大規模な再編成が行われた。江戸時代は、奈良は幕府の直轄地になって、分割されていった。そして、明治維新前後の廃仏毀釈で寺宝が壊され、また、維新後の廃藩置県では大阪や堺と合併されるなど、首都としての使命を免れて1200年の間に、奈良は数奇な運命をたどってきた。その運命の悲哀や、かつての栄華の夢の数々は、いまも奈良盆地のいたるところに、ひっそりと息づいている。奈良は、日本文化の誕生の地としての秘密をいっぱい隠しもった古都である。

年々発掘調査と復元整備の進む平城宮跡

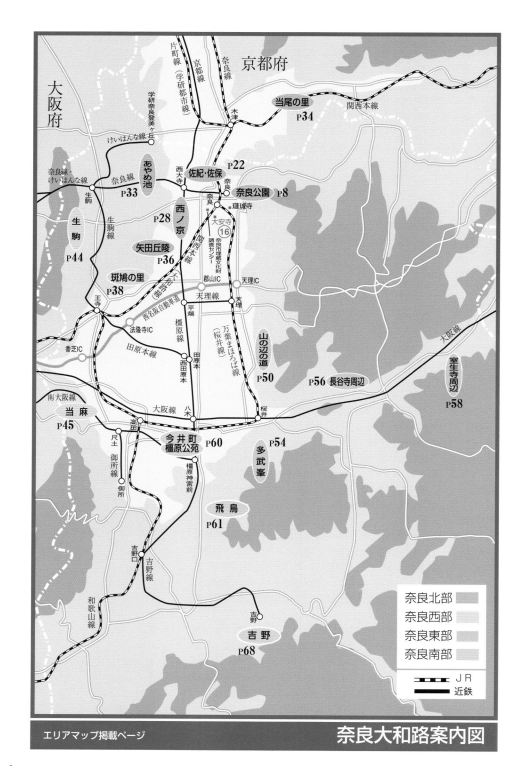

大阪府

京都府

片町線（学研都市線）
京都線
奈良線

学研奈良登美ヶ丘

けいはんな線

木津

当尾の里
P34

関西本線

あやめ池
P33

奈良線

奈良線・
けいはんな線

生駒

西大寺

佐紀・佐保
P22

奈良

奈良公園 P8

瑠璃寺

生駒線

西ノ京
P28

大安寺
16

生駒
P44

奈良市埋蔵文化財
調査センター

天理IC

矢田丘陵
P36

郡山IC

天理

王寺

斑鳩の里
P38

西名阪自動車道

法隆寺IC

橿原線

平端

天理線

香芝IC

田原本線

西田原本

田原本

万葉まほろば線（桜井線）

山の辺の道
P50

P56 長谷寺周辺

大阪線

八木

桜井

室生寺周辺
P58

当麻
P45

南大阪線

大阪線

高田

尺土

今井町
橿原公苑
P60

御所線

御所

橿原神宮前

P54

多武峯

飛鳥
P61

吉野口

吉野線

和歌山線

吉野

吉野
P68

| | |
|---|---|
| 奈良北部 | |
| 奈良西部 | |
| 奈良東部 | |
| 奈良南部 | |

JR

近鉄

エリアマップ掲載ページ

奈良大和路案内図

6

# 奈良北部

西に金剛・生駒連山を隔てて大阪平野・大阪湾をひかえ、北は京都盆地に続く奈良盆地は、近畿地方のほぼ中央にあたります。

「国のまほろば」と称えられた大和は、いわゆる飛鳥京から藤原京、そして平城京に至る二世紀余の間、古代日本の政治文化の中心地として栄え、平安遷都後も、南都・北嶺と並び称される仏教文化の一大拠点として、数多くの貴重な文化遺産を現在に伝えています。かつての奈良盆地北部は、奈良公園や唐招提寺、薬師寺など、全国的にも有名な寺社や見学施設の宝庫。鉄道やバスなどの公共交通機関も発達しており、移動にも便利です。

野生の鹿たちが群れ遊ぶ奈良公園は、なだらかな若草山の麓に広がる緑豊かな散策向きの公園です。園内や周辺には、南都仏教を代表する東大寺や興福寺、藤原氏ゆかりの春日大社、奈良国立博物館、古い町並みの残る奈良町など見どころいっぱい。一日かけてゆっくり散策してみましょう。

新大宮

ミ・ナーラ

奈良市役所

369

至興福院・
法華寺

至奈良公園

宮跡庭園・ミ・ナーラ前

至生駒

奈良コンベンションセンター

平城京左京三条二坊宮跡庭園

佐保川

至木津・京都

奈良県立大学

慈眼寺卍

奈良女子大

卍称名寺

文化会館

5

奈良県立美術

JR奈良線

船橋局

卍蓮長寺

卍西方寺

近鉄奈良駅

近鉄電車奈良線

東向局

裁判所

商工会議所
きてみてならSHOP

登大路ホテル

奈良

369

登大

至奈良市役所
（十図）

センチュリオン

754

油阪船橋商店街

奈良ワシントン
ホテルプラザ

開化天皇陵

卍西照寺

8

漢国神社

近鉄奈良

東向通

春日ホテル

北円堂

講堂

中金堂

東金堂

JR関西本線
（大和路線）

三条局

卍西方寺

浄教寺
卍

奈良市観光センター
ナラニクル

小西さくら通

南円堂

三重塔

卍

五重の

12

奈良

3

南都銀行

JR奈良駅

11 三条通

率川神社

本子守町

采女神社

13 猿沢池

よし

セト
なら

総合観光
案内所

伝香寺卍

小川町局

椿井小

餅飯殿通

飛鳥荘

ABホテル
スマイル
ホテル

三条川崎町

やすらぎの道

なら工藝
館

下御門局

ならまちセンター
市立中央図書館

ホテル尾花

コンフォート
ホテル奈良

徳願寺卍

卍来迎寺

杉ヶ中町

南袋町

卍正覚寺

奈良市立
史料保存館

14 元興寺極楽坊

宝物館

大森町

ならまち 15

奈良町物語館

奈良町資料館

元興寺塔跡

法

卍

至奈良公園

至奈良公園

奈良教育大学

奈良教育大附属幼稚園

能登川

奈良市音声館

卍庚申堂

奈良オリエント館

卍御霊神社

十輪院

高畑住宅

西勝寺

卍徳融寺

聖光寺

元興寺局

ならまち格子の家

金躯

白毫寺

宅春日神社

26 白毫寺

誕生寺卍

狂言大蔵流宗家
屋敷跡碑

称念寺卍

高林寺卍

memo **奈良八景**／江戸時代のガイドブック『大和名所図会』『奈良のしるべ』には、奈良（南都）八景が紹介されている。南円堂の藤・猿沢池の月・春日野の鹿・三笠山の雪・東大寺の鐘・雲井坂の雨・轟橋の行人・佐保川の蛍の8ヵ所、雲井坂と轟橋は今の県庁近く。

# 奈良公園

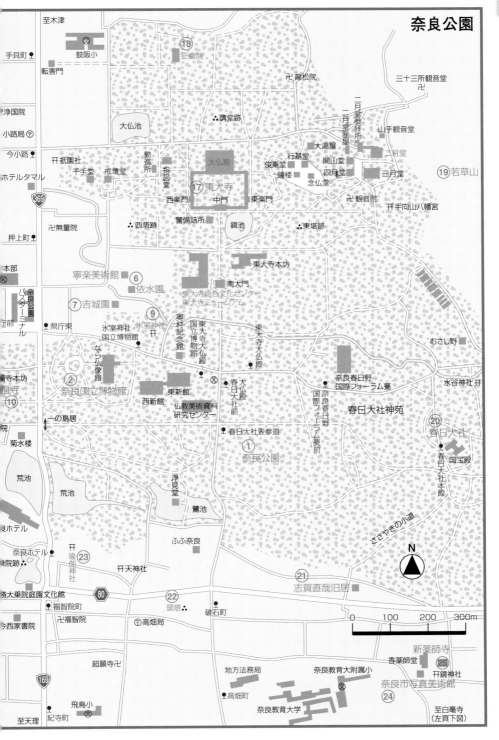

至木津
手貝町
転害門
鼓阪小
正倉院 ⑱
卍龍松院
三十三所観音堂 卍
浄国院
小路局 〒
今小路
ホテルタマル
大仏池
卍調堂跡
二月堂参拝所
山手観音堂
二月堂産屋
大湯屋
開祇園社
千手堂 戒壇堂
勧進所
指図堂
大仏殿
行基堂
俊乗堂
開山堂
二月堂
369
卍無量院
⑰ 東大寺
中門
西楽門
東楽門
四月堂
鐘楼
念仏堂
三月堂
⑲ 若草山
卍観音院
開手向山八幡宮
押上町
西塔跡
警備詰所
鏡池
東塔跡
本部
⊗
奈良公園
バスターミナル
寧楽美術館
依水園 ⑥
東大寺本坊
南大門
東大寺総合文化センター
東大寺ミュージアム
むさし野
⑦ 吉城園
県庁東
⑨
氷室神社
国立博物館
奥村記念館
東大寺大仏殿国立博物館
東大寺大仏殿
奈良春日野国際フォーラム甍
水谷神社 開
寺本坊
福寺
⑩
②
ならカ家館
奈良国立博物館
東新館
西新館
仏教美術資料研究センター
大仏殿
春日大殿
春日大殿前
奈良春日野国際フォーラム甍前
春日大社神苑
⑳ 春日大社
国宝殿
春日大社本殿
院
菊水楼
一の鳥居
荒池
荒池
浮見堂
鷺池
① 奈良公園
春日大社表参道
ホテル
奈良ホテル
院跡
開瑜伽神社
ふふ奈良
開天神社
ささやきの小道
N
券大乗院庭園文化館
⊗
⑳ 
80
卍福智院
⑫
頭塔
志賀直哉旧居 ㉑
今西家書院
福智院町
〒高畑局
頭塔 卍
破石町
0 100 200 300m
超願寺 卍
地方法務局
奈良教育大附属小
新薬師寺
香薬師堂
㉕
開鏡神社
奈良市写真美術館
㉔
169
飛鳥小 ⊗
高畑町
奈良教育大学
⊗
至白毫寺
(左頁下図)
至天理
紀寺町

**memo** 鹿のテリトリー／大仏さんと並ぶ奈良のシンボル・鹿の生息数はおよそ千二百余頭。観光客に愛想を振りまく姿を見て、すべての鹿が人なつっこいと思うのは大間違い。人の訪れない春日奥山や若草山頂の鹿は野性味たっぷり。その彼らにもテリトリーがあって混住はしない。

9

**奈良市総合観光案内所**
地図P8③ 参照P86

　JR奈良駅のすぐ北隣にある奈良市の観光案内所。館内には、案内所はもちろん情報検索コーナーや奈良の伝統工芸品の展示などがある。レンガ造りの建物は、元々はJR奈良駅の駅舎。昭和9年に竣工した2代目で、寺院風の外観と鉄筋コンクリート造りの折衷様が面白い。

　JR奈良駅の高架化に伴い破棄される所を、現在地まで回転・移動させて保存・再利用した。エントランス中央の平城京大極殿の柱の朱色が目を引く。

奈良公園

奈良公園

## 奈良公園　地図P9①

　奈良坂は、京都から奈良への入口である。昔から、山城と大和をつないでいた道である。この奈良坂を下っていくと、東大寺の大仏殿の大きな屋根が浮き上ってきて、そして、興福寺の五重塔がそれに重なるように見えてくる。いまでは、このふたつの荘厳な古代建築の姿に、奈良県庁の近代建築のシンボルのような建物が重なり合ってみえるが、そこは、もう奈良公園なのである。

　JRの奈良駅を降りれば、三条通りを東へ。また、近鉄に乗って行けば、近鉄奈良駅の地下のホームから地上に出ると、そこはひろびろとした登大路で、若草山を背景にした奈良公園の目前に立っていることになる。

　公園の中に、東大寺や興福寺、春日大社、奈良国立博物館などがある。この公園は、明治時代につくられたものだが、特別に囲いや塀で仕切られているわけでもなく、ちょっと、ふつうの公園というイメージとは違うのだ。人なつっこい鹿が芝生に遊び、人家や旅館の立ち並ぶ道がおのずと古代の大伽藍へつながる。なにげなく歩いていると、ふと目の前に堂塔や大門が現われ、またそれが木の間に隠れる。いうなれば、奈良公園は、古代の歴史の厚みをもった自然公園なのである。

　もともと、そこは、平城京の坊城の外にあって、奈良時代には「外京」といわれていた。平城京は、1300年の間にすっかり姿を変えてしまったが、外京はいまも、奈良公園となって、古代の姿をそここここに偲ばせてくれる。

西新館（手前）と東新館

## 奈良国立博物館　地図P9②　参照P85

　東京・京都・九州と並ぶ4館しかない国立博物館のひとつ。天平文化発祥の地・奈良にふさわしい仏教美術の殿堂として知られ、「正倉院展」などの特別展は全国的にも有名。木造薬師如来坐像（写真）などの仏像群をはじめ、「紙本著色地獄草紙」「紫紙金字金光明最勝王経」「刺繍釈迦如来説法図」など、館蔵のコレクションには彫刻・絵画・工芸・書とも国宝・重文を含む名品が多い。

　1998年春には、全国初の免震陳列ケースの採

memo　鹿の角きり／春日大社の神のお使いとして敬われてきた鹿は今も手厚く保護されている。とはいうものの牡鹿の角が人を傷つけては大変、と毎年10月の日・祝日に鹿苑で角きりが催される。スピードとスリルたっぷりの人気行事。1671年（寛文11）、奈良奉行が始めた。

用など耐震面にも配慮した東新館がオープン。従来の本館（なら仏像館）、西新館に加えて展示スペースも大きく拡大し、混雑の緩和、常設展示の充実、無料公開スペースの設置など一層親しみやすくなった。2002年には青銅器館も常設展示としてオープンしている。明治28（1895）年に開館した重厚な石造の本館（旧帝国博物館）は国の重要文化財に指定されており、展示室内の装飾も見どころのひとつである。

薬師如来坐像（奈良国立博物館蔵）

## 奈良県立美術館　地図 P8 ⑤　参照 P85

吉川觀方氏から寄贈された、歌川広重「名所江戸百景」をはじめ、鈴木春信・喜多川歌麿・東洲斎写楽などの浮世絵、染織・調度・武具など多数の風俗資料をもとに、昭和48年に開館した近世・近現代美術中心の美術館。現在ではこの「吉川コレクション」に加え、伝雪舟筆「山水図屏風」に代表される絵画・工芸品の「由良コレクション」、須田剋太など現代絵画や版画の「大橋コレクション」、地元出身の陶芸家・富本憲吉の作品等、館蔵品も充実しており、現代美術をテーマとした特別展も随時開催されて、幅広い層の美術愛好家に親しまれている。

葛飾北斎「瑞亀図」（奈良県立美術館蔵）

## 依水園・寧楽美術館　地図 P9 ⑥　参照 P82

東大寺境内に隣接する池泉回遊式の大規模な日本庭園で、国の名勝にも指定されている。若草山や春日山の山容や、東大寺南大門などを巧みに借景とした、古都の風情の味わえる観賞庭園として名高い。園の入口左手にある寧楽美術館は、瓦屋根の印象的な落ち着いた建物。地元出身の実業家・中村準策氏のコレクションを基に設立されたもので、シルクロードの終着点・奈良にふさわしく、古代中国の青銅器や古鏡、高麗・李朝陶磁などのコレクションには定評がある。庭園と共通券で観賞できるので、気軽に訪れてみるといい。

依水園庭園と青磁象嵌双

## 吉城園　地図 P9 ⑦　参照 P87

依水園の南に隣接する日本庭園で、かつての興福寺子院・摩尼珠院の跡地にあたる。大正8年（1919）に現在の建物と庭園が作られ、現在奈良県が所有し公開している。しっとりと落ち着いたお庭で、四季折々の風情が楽しめるが、杉苔の美しい苔庭や秋の紅葉は名高い。

## 漢国神社　地図 P8 ⑧　参照 P83

推古元年（593）創建されたという。境内の林神社は、室町時代に中国から渡来し、日本に始めて饅頭の製法を伝えた林浄因を祀る。「まんじゅう祭」毎年4月19日。

## 氷室神社　地図 P9 ⑨　参照 P86

見事なしだれ桜が神社の前にあり、その時期と毎年5月1日に行われる献氷祭期がにぎやか。全国の氷業者が集まり、鯛と鯉を凍結させた高さ1メートル程の氷柱を奉納する。

memo　**依水園のとろろ膳**／奈良に数少ない名園の一つが依水園。東大寺南大門や若草山を借景とした贅沢な庭だ。このたぐいまれな環境に包まれて食事をすることが出来る。里の味ともいうべき滋味豊かな麦飯とろろがそれ。抹茶だけでも OK。

11

## 廃仏毀釈・神仏混淆

仏教が伝来した時、既に日本特有の神が信仰されていた。やがてこれらは混ざり合って独自の姿に融合していった。これを神仏混淆という。幕末になった頃には神社と寺院は同居しており、仏像を神社のご神体とすることもあった。これらを神宮寺（別当寺・神護寺・宮寺など）という。

ところが明治維新の王政復古では、神道を国教として古代以来の神仏混淆を禁じた。結果、仏教の排斥運動がおこり、約7年間で全国の寺院の半分が廃寺となったという。これを廃仏毀釈という。

三条通　もちいどの　東向通
地図 P8 ⑪

三条通はJR奈良駅から猿沢池に通じる市街のメインストリート。春日大社へと続く参道にあたる。三条通から奈良町に向かうと、24時間TVでおなじみの「もちいどの商店街」がある。海のない奈良の地で工夫されたかまぼこ、さつま揚げの専門店、100余年の歴史を誇る「魚万」がある。

東向通は、近鉄駅前から三条通を南北に結ぶ老舗商店街。土産物店、飲食店、レジャー産業等、個性的で多様な店がある。奈良漬の山崎屋では、見た目にも豪華な茶粥御前が食べられる。

興福寺五重塔

### 興福寺　世界文化遺産　地図 P8 ⑩　参照 P73

登大路の県庁前を南へ、芝生の間をぬけて行けば、そこは興福寺の寺域だ。

この寺は、まるで現在の平城京の運命を物語るように、数奇な波乱にみちた歴史をたどってきた。はじめは、藤原氏の氏寺として、山城に建てられた山階寺が、飛鳥に移され、平城遷都とともに、現在の地へ建てられたという。そして、藤原氏と皇室の関係が深まるにつれて、興福寺の力も強くなり、南都七大寺のひとつとして君臨した。

都が京都へ移されてからも、京都の延暦寺と対抗する力をもち、「南都北嶺」ということばさえ生まれたが、平安時代末期、平家が南都焼討ちを行い、興福寺の堂塔を焼払ったのが、最初の大きな波乱だった。

江戸時代には大火に見舞われたこともあったし、最も大きな打撃は、明治初年の廃仏毀釈運動だった。

それまでの日本は、何百年もの永い間、神社と寺院が同居して、神仏混淆の信仰が受け入れられていたが、明治維新とともに「神仏分離令」が布告され、日本中に仏教排斥の動きが起こった。仏典や経典は捨てられ燃やされ、仏像や宝具が壊された。興福寺の五重塔も売りに出され、5円で買い受けた者がいた。ところが買ったものの、塔を壊してくずにするのに大変な手間や金がかかるので、買い主が困って放っておくうちに、仏教排斥運動の嵐もおさまって、五重塔は解体されずにすんだというのである。

そんな運命を象徴するように、現在の興福寺の境内も、松林の中に寂しげである。全盛期から比べれば10分の1の広さもなく、雄大だったと伝えられる南大門も、土壇と敷石を残すばかりだ。

現在の境内は、だいたい、登大路と三条通りの間にはさまれた部分だけで、南大門跡へは三条通りから入る。

有名な**猿沢池**は、三条通りの南、南大門跡の反対側にある。小さな池だが、水面はいつもおだやかで、散策の足をしばし留めさせる。見上げると、高く興福寺の五重塔がそびえている。池の水面に映る塔の影と、柳の織りなす情景も細やかで、美しい池である。昔、帝の寵愛を失なったのを悲しんだ采女が、この池に身を投げたという。この言伝えにちなんだ采女祭が、毎年9月に池の上でくりひろげられる。

memo　興福寺に松はなかった？！／現在の興福寺境内は奈良公園の一部となり、寺としてのまとまりに欠けている。松林・芝生・鹿が堂と堂の間を埋めているのも理由のひとつ。寺では境内復元を目指し、枯れた松の後には植えず、天平の姿に戻す計画。

興福寺中金堂

興福寺南円堂

興福寺の建物には鎌倉時代のものが多い。それは、南都焼討ちのあとの再建（南都復興）の遺産である。

南大門跡の奥にある**中金堂**はおよそ300年ぶりの平成30年（2018）10月に再建されたものだが、薬王・薬上菩薩立像や大黒天立像、四天王像など中に納められている仏像は優れた鎌倉仏たちである。毎年1月1日〜7日には厨子入り木造吉祥天倚像が開帳されている。

中金堂を西へ歩いていくと、草深い中から八角の形をした**北円堂**の姿が見えてくる。承元2年（1208）、鎌倉初期の力にあふれた建物である。運慶が作った弥勒仏坐像や無著菩薩・世親菩薩立像、四天王が安置されている。

北円堂から南円堂へ回る角に、「薪能金春発祥の地」碑が立っている。そこを過ぎるとなんとなく人の気配が多くなる。**南円堂**は西国三十三ヵ所の第9番目のお札所なのである。南円堂の本尊は、不空羂索観音菩薩の坐像で、運慶の父康慶がつくったという鎌倉初期の木彫仏である。建物は寛保元年（1741）、江戸時代のもの。

南円堂の右わきには、お地蔵さんや観音様が祀られていたりするが、左の方のちょっと低い所には、三重塔が立っている。7月7日のみ内陣が公開され、初層の中央にある4本の柱（四天柱）にはX状に板が張られており、仏画も描かれている。五重塔の雄大な姿に隠れて目立たないが、美しい塔である。やはり鎌倉時代に再建されたものである。

**石子詰伝承地** 地図P8⑫

かつては、鹿は春日大社の使いとされていた。神鹿を殺めれば、ともに穴へ入れられ、石を投げこむ“石子詰”の死刑とされたという。興福寺の稚児の三作がその刑に処された地と伝えられる。

**采女神社** 地図P8⑬

猿沢池のほとりにある鳥居を背にした珍しい後ろ向きの神社。自ら池に身を投げた采女の供養に建てられたが、見るに忍びないと、一夜のうちに後ろ向きになったと伝えられる。

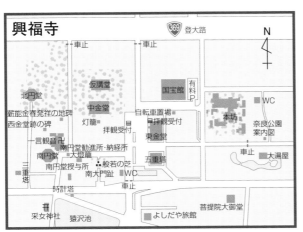

## 興福寺

登大路 369

車止　車止

仮講堂

北円堂　中金堂　国宝館　有料P

薪能金春発祥の地碑　灯籠　自転車置場　WC

西金堂跡の碑　拝観受付　毎日拝観受付　本坊　奈良公園案内図

言観音仏　南円堂勧進所・納経所　拝観受付　東金堂

南円堂　大鐘楼　般若の芝　五重塔　車止　大湯屋

三重塔　南円堂授与所　南大門趾　WC

時計塔　車止

采女神社　猿沢池　菩提院大御堂

よしだや旅館

N

興福寺三重塔

**memo** **碧い眼だった阿修羅**／興福寺国宝館に鎮まる阿修羅像といえば、数ある大和路の仏像の中でもひときわ人気が高い。美少年のようとも、美少女のようともいわれるが、美術院が残された塗料を分析し復元したところ、眼は碧く金髪、赤い肌の異形の神だった。

13

八部衆立像「阿修羅」（興福寺国宝館）

龍燈鬼（興福寺国宝館）

十大弟子像「須菩提」（興福寺国宝館）

仏頭（興福寺国宝館蔵）

　振り返れば、そこからも**五重塔**が見える。この塔は、高さは50.1m、京都の東寺の五重塔（55m）に次いで高い。室町時代に再建されたものだが、創建期（天平2年＝730）の面影をよく再現している。やはり、興福寺のシンボルともいうべき建物であろう。

　南都焼討ち以前の仏像・宝物などで、よく生き残ったものが、**国宝館**に展示されている。館内を歩いて行くと、白鳳から天平へかけての美術を語るときに、欠かすことのできない遺品がつぎつぎと現われてくる。

　銅でつくられた大きな**仏頭**——旧東金堂本尊——は、昭和12年の東金堂修理の時に、本尊台座の下から発見された。左側に焼けただれた痕が残っている。7世紀につくられたもので、もとは飛鳥の山田寺にあったが、鎌倉時代の混乱の時期に興福寺へ移され、そして兵火に胴体は焼かれてしまったのだが、いまはこうして、長い年月秘されていた頭部だけが蘇った。代表的な白鳳仏である。

　八部衆立像といえばなじみないようだが、そのなかの**阿修羅像**といえば、知らない人はないくらいに有名な像である。国宝館の中央に展示されていて、あのちょっと眉をしかめ、どことなく愁いのある表情が、人々の眼をひきつける。天平時代の製作で、脱活乾漆というもろい材質なので、阿修羅像のようによく残っているものもあるが、残りの7躯の中には、かなり壊れてしまっているものもある。

　脱活乾漆像といえば、釈迦の10人の弟子を等身大につくり上げた**十大弟子像**（現在国宝館には6躯のみ）も、天平時代のおだやかな静けさをたたえた像である。

　運慶作の無著菩薩立像と比べてみると、この代表的な鎌倉彫刻が、やはり、力や性格表現においてずっと大胆になっていることがよく分かるだろう。無著像は羅漢像のひとつだが、十大弟子像が等身よりやや控えめにつくられているのに対して、こちらは大きめに2m近くの像につくられて

memo　**室生の龍**／室生寺近くの室生龍穴神社は祈雨信仰で有名である。神社ゆかりの龍は奈良の猿沢池に住んでいたが、采女が入水したので春日山へ移ったところ、そこが死骸の捨て場になったので室生に行ったという。春日信仰と室生の結びつきを暗示する伝説である。

いる。玉眼入り、寄木造であることも鎌倉彫刻の大きな特徴のひとつ。天燈鬼・龍燈鬼両像も運慶の子康弁がつくった鎌倉彫刻だ。燈籠を支えている鬼の動作や表情が生き生きとしている。寄木造。玉眼が鬼の表情を生かしている。

檜の板にレリーフで彫り出された神将は、**板彫十二神将像**といわれている。藤原時代のもので、作者の名前は分からないが東金堂御本尊を安置する台座などにはめこんであったものだろう。もとは元興寺にあったものだといわれているが、板彫のこういう神将像は珍しい。

青銅でつくられた華原磬は、仏教の儀式に使われる銅太鼓だが中国の唐から請来されたものともいわれており、4頭の龍と獅子の彫りものが、いかにも唐風である。

興福寺には、そのほか、木心乾漆で平安時代初期の四天王像や鎌倉時代の寄木造による法相六祖坐像、金剛力士像（仁王像）、やはり鎌倉時代につくり直された巨大な千手観音菩薩像（寄木造・漆箔）など、見ごたえのある彫刻にあふれている。

元興寺極楽坊

## 元興寺極楽坊　世界文化遺産

地図 P8 ⑭　参照 P83

興福寺五重塔から石段を降り、猿沢池のほとりを南へ。約5分ほど歩くと元興寺極楽坊へ至る。昔日の元興寺の面影は、いまはこの極楽坊とすぐ近くにある塔跡に偲ばれるだけだが、平城京の頃には、東大寺や興福寺とも並ぶ、南都七大寺のひとつであったという。もと飛鳥の法興寺（飛鳥寺）を平城遷都のときにこの地に移したものである。

元興寺極楽坊は、元興寺跡のすぐ北に位置し、元興寺の僧坊のひとつを、鎌倉期に大改修を施したのだという。正面6間、側面6間、正方形の造りで、単層寄棟造の、行基葺といわれる屋根の線が美しい。行基葺は別名、錣葺とも呼ばれ、法隆寺玉虫厨子の屋根にもみられる。

### 南都北嶺

仏教が隆盛した奈良時代の平城京では、律宗や華厳宗など特に大きな6つの宗派があった。これらを南都六宗、それぞれの中心的な寺をまとめて南都七大寺といった。

やがて平安時代となると、最澄が比叡山延暦寺（天台宗）を開き強い勢力を持つようになる。2者は「南都北嶺」と対比されるようになった。

| 宗派 | 開祖 | 中心寺院 |
| --- | --- | --- |
| 律宗 | 鑑真 | 唐招提寺 |
| 華厳宗 | 良弁・審祥 | 東大寺 |
| 三論宗 | 恵灌 | 東大寺南院 |
| 成実宗 | 道蔵 | 元興寺・大安寺 |
| 法相宗 | 道昭 | 興福寺・薬師寺 |
| 倶舎宗 | 道昭 | 東大寺・興福寺 |

ならまち　地図 P8 ⑮

奈良町と呼ばれる興福寺の南側一帯はかつての旧市街にあたり、平城遷都後は東大寺や興福寺などの門前町として発展したところ。京都や金沢と同じく戦災をまぬがれたため、現在も多くの社寺や古い町並みをよく留めており、古都の風情の味わえる一角となっている。奈良町資料館やならまち格子の家、史料保存館、奈良町からくりおもちゃ館など、町家や古建築などを利用した見学施設も多く、散策向き。

大安寺　地図 P6 ⑯　参照 P84

前身は、聖徳太子が平群郡に熊凝道場を創建したことに始まるという。飛鳥時代は百済大寺、大官大寺と呼ばれて大いに栄えた。跡は、天香久山の南700mにあり、水田の中に金堂跡・塔跡の基壇が残っている。平城京遷都に伴い、当地に移転したが、奈良時代の十一面観音像、四天王像、不空羂索観音像、楊柳観音立像、聖観音立像と木造九体の天平仏が今に伝えられている。本堂の本尊十一面観音はがん封じで知られ、天平時代を代表する仏像で毎年10・11月のみ公開される。嘶堂に安置される忿怒の形相で、一面六臂の馬頭観音立像は毎年3月のみ公開。宝物殿には、諸仏や出土の古代瓦や創建当時の伽藍模型などが展示されている。年中行事の1月23日と6月23日の笹酒まつりは、がん封じ祈願とあいまって多くの参詣者で賑わい、古都奈良の風物詩だ。

memo　**お願いは一つだけ**／一言観音は西国三十三ヵ所観音霊場・興福寺南円堂に隣り合う小堂で、線香の煙は絶えない。願いは欲張らず一つだけ、これが条件。南円堂と一言観音の間にはビンズルさんの像があり、こちらは学力向上に霊験あるとか。

## 東大寺　世界文化遺産　地図 P9 ⑰　参照 P85

若草山の裾野に広がる東大寺は、天平文化を代表するお寺である。聖武天皇の 詔 によって国分寺制度が定められたのは天平13年（741）のことである。全国各地に国分寺が建立され、大和国にも国分寺がつくられることになった。それは、すでに奈良の東山山中にあった金鐘寺（別の記録では金鷲寺）を利用して造営された。天平12年から同17年まで、天皇は平城京を出

東大寺大仏殿

て、恭仁京・難波宮・紫香楽（信楽）宮へと京を移した。再び平城京に戻ったとき、大和国の国分寺を総国分寺とし、東大寺が誕生する。

この大和国分寺の本堂は、現在の三月堂（法華堂）であったろうと考えられている。ここに大和国分寺が築かれだしたあと、天皇が平城京へ還り、改めて総国分寺・東大寺が計画された。その本堂として、大仏を納める大きな建物が新たに用意されることになる。これが今日の大仏殿の発祥である。

総国分寺の象徴として大仏造立が企てられた。この大仏は正しくは毘盧舎那仏といい、これはサンスクリット語のビルシャナ（太陽）という語から来ており、つまり、仏のなかの仏という意味をもっている。

毘盧舎那仏（東大寺大仏殿）

天平15年（743）、造立の詔が発せられてより、およそ10年の歳月を費して大仏はつくられた。開眼供養が行われたのは天平勝宝4年（752）である。

この大仏様があの大きな大仏殿（金堂）に納められている。しかし、現在の**大仏**は、創建当初から何度もつくり直されており、右手は桃山時代の天正8年（1580）、頭は江戸時代元禄3年（1690）につくられている。今日、天平の頃の遺構は、おなかの下と台座の蓮弁の一部のみとなってしまった。銅で鋳られた像だが、現在高さは約16m弱。重さは450トンを超えるといわれている。創建当初の高さは17mもあったという。

**大仏殿**も江戸時代に建て直されたもので、さらに、昭和55年（1980）大修理が終って装いが一変した。堂内には天平時代の旧大仏復元模型も置いてある。蓮

memo　**ハチの一刺し**／東大寺三月堂（法華堂）の秘仏・執金剛神にはこんな伝説がある。平安時代、北関東で起こった平将門の乱の折り、この元結の片方が大蜂となって飛び出し将門を悩ませ、ついには乱の平定に至ったとか。12月16日のみ公開。

二月堂

三月堂

弁の一部に天平時代創建の頃の線刻による釈迦の姿が残っている。

　この巨大な仏像をつくるために費した財力や労働力は莫大なものだった。大仏開眼をきっかけに、天平文化の力は衰えはじめていく。

　さて、大仏殿を囲む塀に沿って、山へ登るように歩いていくと、鐘楼があり、二月堂、三月堂、四月堂の建物が現われてくる。

　鐘楼に吊られている鐘は天平時代そのまま。大仏開眼のときに撞かれた鐘だ。最近ひびが入って使用禁止になった。鐘楼は、鎌倉時代の建築。

　鐘楼の背後に幾棟かがかたまるようにある。そのひとつが俊乗堂。鎌倉の初めの頃、東大寺再興に努力した僧、俊乗房重源の坐像が安置されている。等身大・寄木造の、性格描写にすぐれた鎌倉彫刻である。

　二月堂は、一段と高い山の斜面と崖を利用して建てられて、そこへ至る回廊に特徴がある。天平時代に建てられたものだが、現在のものは江戸時代の再建。本尊は誰にも姿を見せたことがなく、再建前の火事のときに壊れた光背が救い出され、それはいま、東大寺ミュージアムに保管されている。その光背残欠にみられる毛彫は、天平時代の美しさを証言している。

　この二月堂で、毎年3月、**お水取り**の行事（修二会）が行われる。それは奈良や京都へ春を呼ぶ行事として有名だ。ここの崖に面したお堂から大仏殿や奈良の街を見下ろす光景はなかなかいい。

　**三月堂**は、法華堂ともいわれる。毎年3月（旧暦）に法華会が行われるようになったからだ。東大寺が誕生する以前、聖武天皇が皇太子供養のため建立した金鐘寺の本堂だったといわれるところ。鎌倉時代に大改造され、天平初期と鎌倉期の建築の粋が合体して独特の美しさを誇っている。

　堂内には10躯の像が安置されていて、いずれも天平時代の作、それも天平盛期の頃につくられたものが多い。本尊は3.7mもある不空羂索観世音菩薩の立像であり、三眼八臂の堂々たる姿を見せている。その周囲を乾漆像の梵天・帝釈天や四天王立像、塑像の金剛力士が固めていて、三月堂はまさに天平彫刻の花園といえよう。

　以前はあと6躯の像が安置されていたが、東大寺ミュージアムに移されていていささか残念ではある。特に本尊のそばに安置されていた日光・月光菩薩は清楚な趣で、その姿も日光・月光菩薩というより梵天・帝釈天の趣があり、彩色が剝落した白い塑像の肌合が静かに祈る姿とよく合っていた。もっとも本尊は脱活乾漆像だが、これは塑像で少し後に出来たものと思われる。

　そのほか乾漆像の四天王や塑像の仁王像など天平美術の粋を集める三月

## 国分寺

　奈良時代、聖武天皇の発願で全国に官寺が作られた。鎮護国家が目的とされ、結果的に中央集権・民衆支配強化の役割を果たしている。

　中世以降、国分寺自体は廃れていくが、当初とは異なる宗派の寺院となるなどして、現在まで維持あるいは復興しているところもある。

　僧寺と尼寺があり、それぞれの総本山的な位置づけとして、大和国（現在の奈良県）の東大寺・法華寺が総国分寺・総国分尼寺とされた。

## お水取り

　旧暦2月に行われていたことから修二会とよばれ、二月堂の本尊十一面観音に懺悔と祈りを捧げる法要である。行事自体は3月1日から14日までであるが、ハイライトは12日深夜（13日の午前2時）に若狭井から「お香水」を汲み上げる儀式、「お水取り」。修二会を勤める練行衆の道明かりとして長さ6mにもなる大きな松明が燃え、童子が火の粉を散らしながら舞台を走り抜ける。

## 運慶・快慶

　共に鎌倉初期・前期の仏師。快慶は運慶の父康慶の弟子とされる。彼らは慶派という仏師の一派で、平安後期から江戸時代にかけて活躍をしている。

　代表作として、運慶は円成寺の大日如来像、快慶は東大寺の僧形八幡神像、両者の合作ともされる東大寺南大門の仁王像などがある。

memo
**三銘椿**／白毫寺の五色椿、東大寺開山堂の糊こぼし、伝香寺の散り椿を奈良の三銘椿という。一番有名なのは五色椿で、五色とはいかないまでも微妙な濃淡の紅白が混ざり合った不思議な花。県の天然記念物に指定されている。

四天王立像「多聞天」(東大寺戒壇院)

堂には、奥に、毎年1回(12月16日)のみ公開される執金剛神像が安置されている。これこそ金鐘寺時代から伝わる像で、塑像、彩色鮮やかな天平初期の代表作である。天平時代に入って造像技術は格段の進歩をみせるが、それは唐からもたらされた塑像や脱活乾漆像の技法のおかげであった。それまでの銅を鋳込んだり木を削ったりしていた方法に比べ、はるかに微妙な細部の表現を、それらは可能にした。

このあたり、四月堂(またの名を三昧堂)や開山堂(秘仏良弁僧正像安置)など、きめ細く見ていくと尽きるところがない。

大仏殿の西の方、つまり三月堂とは正反対の方角だが、そこに戒壇堂があることも忘れてはならない。ここの四天王像(塑像)も、天平彫刻の精粋ともいうべきものなのである。

そのほか、東大寺総門となる南大門の鎌倉建築の力強さ、その左右に安置されている運慶・快慶が力をこめて彫り出した仁王像も東大寺の代表的な彫像のひとつだし、大仏殿の前にある金銅八角燈籠に浮き彫りされた菩薩や獅子の姿に天平の面影を嗅ぎとることができる。

境内の総合文化センター内にある東大寺ミュージアムでは「東大寺の歴史と美術」をテーマとした展示が行われている。大仏殿の正面に立つ八角燈籠に付けられていた音楽を奏でる音声菩薩が彫られた羽目板など、貴重な仏像はもちろん彫刻・絵画・書跡・工芸など、数多くの寺宝を収蔵している。

## 古代寺院の伽藍

古代仏教寺院の伽藍配置は幾つかの形式をもつ。(73頁参照)しかし、それらはどれをとってみても、南面する南大門・中門を中心に、小気味よい対称形を持つように配置されている。本来は、仏舎利(仏陀の遺骨)を納める舎利塔が、寺院建築の基本であったろうと考えられるが、中国の南北朝時代に塔・金堂を回廊が囲む方法が取られ出したのだといわれる。

このプランが、朝鮮半島を経て、日本に仏教が入ってきたときにも受け継がれ、飛鳥寺式、四天王寺式、川原寺式、法隆寺式、法起寺式、薬師寺式、大安寺式、東大寺式などの伽藍配置の変遷をみる。

法隆寺の前身といわれる、斑鳩宮・若草伽藍は、四天王寺式だといわれ、現在の法隆寺の伽藍配置より、ひとつ古い時代に属すると思われる。難波の四天王寺が、山城の広隆寺とともに、聖徳太子ゆかりの寺であることを考えれば、太子が、何故飛鳥の京を離れ、斑鳩の地に宮を造営しなければならなかったのかが、おぼろげながらにも浮かんでくる。

今、勝手な推量をすれば、飛鳥には、太子を支持する勢力は少なく、彼は難波の諸豪族や、山城の秦氏の力を頼まずにはいられなかったのだろうと思わ

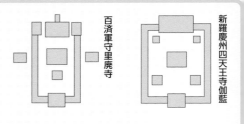

れる。

仏教が未だひと握りの官人や豪族の首長たちにしか信仰されなかった時代に、古代寺院の伽藍は、果たして、何の為に創建されたのであろうか。

蘇我入鹿による斑鳩宮の襲撃、太子一族の滅亡。中大兄皇子・中臣鎌足らの入鹿暗殺、壬申の乱、平城遷都へと続く律令国家体制確立の歴史は、仏教が未だ民衆の信仰からほど遠かったことを教える。しかし、この時代の建築や仏教彫刻、その他の工芸品には、数多くの優れたものがあり、飛鳥・白鳳から天平に至る時代が、古代日本の文化形成の揺籃の時代であったことをうかがわせる。

大和の地、とりわけ斑鳩の里には今も、古代日本文化の形成にたずさわった多くの工人たちの情熱が隠されているようである。

## 正倉院 <small>しょうそういん</small>　地図 P9 ⑱　参照 P84

　東大寺には、大仏殿のうしろの方に正倉院があり、大仏開眼の供養に用いられた品々、聖武天皇や光明皇后遺愛の品など約9千点の宝物がしまわれている。その中には遠くシルクロードを越えて中国から日本へともたらされたペルシァの遺品も入っており、「シルクロードの終着駅」の呼び名にふさわしい充実ぶり。内部は非公開だが、宝物の一部は毎年秋の奈良国立博物館「正倉院展」で順次公開されており、美術工芸や歴史ファン必見の催しとして定期的に訪れる人も多い。高床式の建物はいわゆる校倉造として有名である。

## 若草山 <small>わかくさやま</small>　地図 P9 ⑲　参照 P87

　三つの山が重なっていることから、古くは三笠山とも呼ばれてきた。「若草山」と改称したのは昭和に入ってからである。標高342m。さして高い山でもないが、山頂からは奈良盆地が一望できる。眼下の鬱蒼とした森からは興福寺の五重塔が立ち上がり、東大寺の大仏殿の鴟尾が金色に輝く。早朝で靄が出ていたとしても、ゆったりと何処までも続く奈良盆地の美しさは、「まほろば」という古語を連想させてくれる。

　全山が芝生に覆われており、これを食べる鹿の姿が目に楽しい。ちなみにこの芝も「メシバ」という日本の固有種である。遠い平城京の昔にも同じような光景が広がっていたのだろうか。成人式の前日にはこれに火を入れる「山焼き」が行われ、新年の恒例行事となっている。

　なお誤りやすいのだが、阿倍仲麻呂が「天の原 ふりさけみれば 春日なる 三笠の山に いでし月かも」と詠んだ山はここではない。南隣の春日山（別名・御蓋山）であり、古来様々な形で混同されている。

## 奈良公園の鹿

　奈良公園のいたる所で見かける鹿であるが、国の天然記念物であり誰かのものではない。春日大社の神のお使いとされ、昔から手厚い保護を受けてきた。万が一殺害した場合は厳しく罰せられたようで、石子詰の伝承が伝わっている。

　現在、約1,200頭の鹿が棲息とされ、近鉄奈良駅周辺でも見かけることもある。おおむね人懐っこく愛らしいのだが、野生の大型哺乳類であり共存には様々な注意が必要である。

### シルクロード

　ユーラシア大陸の東と西を結ぶ交易路がシルクロードである。隋・唐のころまでは東西の交通・貿易の幹線として、数多くの品物や文化がシルクロードに沿って大陸の東西へと伝えられていった。

　主な商品は絹であった。絹は中国が原産で、紀元前数千年前には製法が確立していたとされるが、ヨーロッパに製法が伝来したのは6世紀になってからと言われる。美しく優れた性質を持つ絹はシルクロードの西側であるローマでも愛され、同じ重さの金と同等の価値を持つとさえも言われた。多くの隊商が東西を行き来し、様々な文物が交わり、敦煌や楼蘭などの交易都市が栄えていく。仏教やゾロアスター教が西伝したのも、このルートに沿って行われた。

　当時、シルクロードの西の果てをローマとすると、洛陽（長安）は東の果てといえるだろう。洛陽というと漢民族の都であるが、極めて国際色豊かな世界都市であり様々な人種の人々が集まり、その人口はざっと100万人に及んだという。

　平城京はこの洛陽を模して作られた都市である。人口はおよそ10万人、洛陽と比べるべくも無いが、それでも世界有数の大都市である。当時の日本は遣唐使を派遣し、中国の文化を輸入することに尽力しており、その成果の一部は正倉院に納められた宝物に見ることができる。

　平城京には鑑真をはじめとする唐人のほか、ペルシア人も来朝していたという記録も残されている。

---

**memo**　不審ヶ辻子町 <small>ふしんがつじこちょう</small>／元興寺界隈のいわゆる「奈良町」には、面白い地名や伝説が多いがここもそのひとつ。昔、元興寺の鐘楼で鬼が悪さを繰り返すので、僧が退治しようと追いかけたところ、この町のあたりで見失ったという。奈良市立図書館の南東あたり。

**志賀直哉旧居**
地図 P9 ㉑　参照 P84

　文豪・志賀直哉が自ら設計した私邸で、代表作『暗夜行路』などがここで執筆された。「高畑サロン」と呼ばれたサンルームなど、住居としての工夫にも一見の価値がある。

**頭塔**　地図 P9 ㉒　参照 P84

　土でこしらえた仏塔。下層頭塔は3段、上層頭塔は7段に復元され、同じく各段の上表面は瓦で葺いてある。神護景雲元年(767)良弁僧正の命により東大寺の渡来僧実忠が造営した。

**瑜伽神社**　地図 P9 ㉓　参照 P87

　一ノ鳥居から、二ノ鳥居へ長い石段を登り、その途中の踊り場、瑜伽山の中腹に立つ神社。御神楽式や御湯立式などの行事が有名で、その日には多くの人々で賑わう。

**春日大社**　世界文化遺産　地図 P9 ⑳　参照 P83

　藤原氏の氏神として、奈良時代の神護景雲2年(768)に創建された興福寺ともゆかりの深い神社。

　長い参道の両わきには美しい飛火野の芝原が広がり鹿が群れ遊ぶ。立ち並ぶ石燈籠は室町から江戸時代のものが多く2千基に及ぶ。また本殿回廊には銅製の美しい釣燈籠1千基があり、2月節分と8月14、15日の晩には全ての燈籠に火を灯す「万燈籠」の行事が行われる。

　年間由緒あるお祭りがたくさん行われるが、12月17日を中心に数日に渡って行われる「春日若宮おん祭」は奈良で一番盛大な祭りで、美しい時代行列と珍しい古典芸能で知られ、国の重要無形民俗文化財にもなっている。

　回廊に囲まれた本殿や中門は朱塗りで檜皮葺の優美な姿で、平安時代の姿を伝えるものとして国宝や重要文化財に指定されている。

　**国宝殿**には藤原氏や天皇家から奉納された平安時代の宝物が多く、国宝、重文の中でも蒔絵琴、金地螺鈿毛抜形太刀はこの時代を代表する名宝として有名。また鎌倉、南北朝の刀や鎧も多く赤糸威大鎧や黒韋威胴丸は日本を代表する美しい鎧として知られている。そのほか、祭りの芸能に用いられていた舞楽面や装束も貴重なものである。

　春日大社神苑では、『万葉集』に詠まれた草花約300種が栽培展示される**萬葉植物園**が営まれ万葉の歌が添えられている。苑内の「藤の園」では、4月下旬頃から藤の花が見頃になる。

万燈籠

赤糸威大鎧〈竹虎雀飾〉(春日大社蔵)

## 奈良市写真美術館 地図P9 ㉔ 参照P85

奈良をテーマにした8万点余の写真作品を収蔵展示するユニークな美術館で、寺院建築を思わせるモダンな外観が目を引く。コレクションの中心は大和路の風物をこよなく愛した写真家・入江泰吉氏の作品で、仏像や寺社、四季の風景などカメラの眼を通した味わい深い古都散策が楽しめる。

新薬師寺本堂と本堂内陣

## 新薬師寺 地図P9 ㉕ 参照P84

春日大社二の鳥居からアセビの林を通りぬける道は「ささやきの小道」といわれる。このしんと静まりかえった道を出ると高畑町。落ち着いた古い家並の町だ。昔、文豪志賀直哉も住んでいた所。そのはずれに、新薬師寺がある。

入母屋造の閑静なたたずまいの本堂は天平時代の建造。初秋には境内に咲きみだれる萩の紅い色や白い花がこの建物によく合う。本堂には、平安初期の傑作、薬師如来像が中央に安置されている。切れ長の眼と濃い瞳がこの如来様を仰ぐ人をとらえて離さない。厚い唇からは温かい説法がきこえてくるようである。

この2m近い如来像をとり囲んでいるのが日本最古最大の十二神将像である。等身大、塑像、天平時代の作。ちょっとオーバーな身振りと表情が、恐いはずの守護神を親しみやすくしている。

十二神将立像「伐折羅大将」
（新薬師寺）

## 白毫寺 地図P8 ㉖ 参照P86

新薬師寺から、まだ田園風景の残る細い道を、10数分も歩くと、高円山の中腹あたり、白毫寺に至る。

最近は、お寺の間際まで新興の住宅がつくられていたりして、どこか、違和感を覚えたりもするが、参道を上り、山門をくぐると、いまも、奈良の市街が一望される。

境内には本堂と御影堂があり、宝蔵には、鎌倉期の閻魔大王坐像が安置されている。寄木造、彩色の迫力ある像である。この寺の萩の季節は美しい。また境内の五色椿も、奈良三名椿の一つとしてよく知られている。

参道を少し下ったところの四ッ辻に、小さな祠があり、石仏がある。いまも願かけの祈りが絶えないさまがうかがえ、ほっと気の静まる思いがする。

白毫寺本堂

memo | **干支の守り本尊**／年末になるとマスコミ各社から新薬師寺にたびたび電話が入る。本尊・薬師如来を守る十二神将が干支の守護神になっているからだ。たとえば、卯は摩虎羅大将、辰は波夷羅大将というふうに。お守りも人気があって買い求める参拝客は多い。 21

釈迦如来立像（西大寺）

佐紀・佐保

ウワナベ古墳
コナベ古墳

**ウワナベ・コナベ古墳群**
地図 P23 ㉙　参照 P82

　平城宮跡の北方に分布する古墳群を佐紀楯列古墳群という。奈良盆地の北に長々と横たわる平城山（東は佐保山、西を佐紀山という）には、大小あわせて約50基もの古墳が集中している。一帯の特徴して、大型古墳が多く全長200mを超す前方後円墳大和7基が隣接している。なお大和全体ではこうした大型の古墳は19基になる。

　東方にはウワナベ古墳（全長254m）、**磐之媛陵**（全長219m）など、古代のワニ氏の墓域ともいわれている。西方には**神功皇后陵**（全長275m）、**成務天皇陵**（全長219m）など、4世紀の巨大な前方後円墳などがある。また西には**日葉酢姫陵**（垂仁天皇の皇后）がある。

## 西大寺　地図 P22 ㉗　参照 P84

　かつては、南都七大寺のひとつとして東大寺と並ぶ威容を誇っていたが、いまは歴史の波に洗われて、創建当時の天平の面影を残すのは本堂前の東塔の基壇跡や、四王堂にある、各像が足元に踏みつける邪鬼ばかりになってしまった。本堂、四王堂、また愛染堂と呼ばれる建物も、江戸期の再建である。

　本堂には、鎌倉時代に京都嵯峨の清涼寺にある釈迦如来を模刻した如来像が本尊として祀られており、そのほか文殊菩薩騎獅像や弥勒菩薩坐像、弘法大師像など幾つかの鎌倉彫刻が安置されている。聚宝館は寺宝の収蔵庫だが、その一部は期間限定で展示されている。平成28年（2016）には鎌倉時代に再興を果たした叡尊上人の坐像が国宝に指定されている。

四王堂

東塔跡

## 秋篠寺　地図 P22 ㉘　参照 P82

　西大寺の北、民家の間をぬうようにたどると秋篠寺である。

　宝亀11年（780）に開基されたというから、奈良時代も末期のお寺である。そのせいか、境内は、どことなく飛鳥・大和のお寺と違う雰囲気をかもし出している。伽藍もその威容ではなく、むしろ庭の中に落ち着くやさしさを印象づけるかのようである。

**memo**　神風を起こした僧／東大寺と並び称されながら早くも平安時代に寺勢が衰えた西大寺。鎌倉時代にその西大寺を復興させた叡尊（興正菩薩）は、蒙古の襲来に際して石清水八幡宮に祈願して神風を起こしたといわれる。西大寺奥の院の巨大な五輪塔が彼のお墓という。

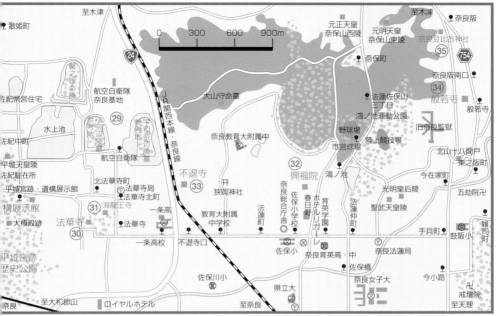

平城宮跡歴史公園

本堂に入ると須弥壇の上に、薬師如来（平安中期・寄木造）を本尊として9躯の仏像がずらりと並ぶ。

中でも眼をとらえるのが「東洋のミューズ」と称される伎芸天立像（重文）である。

頭部のみが天平末期の乾漆で、それが鎌倉時代の木彫彩色された体躯に載せられている。しかし、まるでそうとは思えない、よく調和のとれた姿である。

ちょっと首をかしげ、右手を胸のあたりまで持ち上げるしぐさが、いかにもやさしげである。伏し目に見おろすお顔の唇からは、いまにも声が洩れてきそうである。伎芸天のもつやさしさが、そのまま、秋篠寺の魅力であるといってもいいだろう。

そのほか、伎芸天のちょうど反対側にある帝釈天立像も、頭部が天平の乾漆、胴が鎌倉の木彫像、伎芸天と対照的な印象を与えてくれる。

このあたり、古くから秋篠の里と呼ばれたところで、お寺の近くを秋篠川が流れる。

そして、田園風景の向こうに、こんもりとした古墳がいくつも現われる。称徳（孝謙）天皇陵、成務天皇陵、日葉酸媛命陵、丸塚古墳、瓢箪山古墳……。

秋篠寺本堂

memo 蛇をまとった仏様／伎芸天で有名な秋篠寺には異形の秘仏が祀られている。蛇を巻き付けた大元帥明王で、インドの影響が色濃く残る密教の仏様だ。平安時代の木造仏、重要文化財に指定されている。公開は6月6日のみ。

23

十一面観音菩薩立像（法華寺）

## 法華寺　地図 P23 ㉚　参照 P87

宇和奈辺古墳や小奈辺古墳の緑の森が見えてくると、もう法華寺である。佐紀路と佐保路のちょうど分岐点に位置する。

光明皇后が、東大寺の総国分寺に対して総国分尼寺として建てられたお寺で、正式の名称は、法華滅罪之寺という。

かつての金堂には丈六の阿弥陀如来が祀られていたといわれるが、現在の本尊は十一面観音菩薩立像である。唐の檀像風に彫られた一木造（檜か欅）。高さ約1m。頭髪に群青、眉に墨、唇に朱が施されているが、あとは素木のままの高雅な像である。苦しみ悩むものを誰でも救ってあげようと長い手で天衣の裾をつまみ、一歩踏み出した右足と腰のひねりぐあいは、豊かな体躯や静かに見つめる切れ長の眼、朱い唇などとあいまって、妖しげでさえある。

光背が蓮の葉と花と蕾からつくられているのも珍しい。平安初期の作、それもごくごく初期で、天平時代の作風から抜け出た直後の作と考えられる。

インドの彫刻家問答師が、ガンダーラ国王の命を受けて来日し、観音菩薩生きうつしの光明皇后のお姿を彫り上げたのが、この像だという言伝えもある。

明治に入って一般公開されていたこの観音様は、最近再び秘仏となって厨子の扉のむこうに隠された。代わりに分身像が、言伝え通り白檀の木で彫られて安置されている。本尊の方は春秋に期日を限って特別公開される。

本堂には、そのほか法華寺創建時のものといわれる仏頭や、文殊騎獅像（鎌倉時代）、維摩居士像なども安置されている。維摩居士像は木彫、天平期の優作であり、平成29年(2017)国宝に指定されている。

また、紙でつくられた横笛像も印象的な小像で、滝口入道との恋に破れた横笛が剃髪して京の伏見に隠棲し、法華寺の尼へその苦しみ悲しみの思いを書き送った。法華寺の尼僧たちが、横笛の気持ちを哀れんで、その手紙で作り上げたのがこの像である。

本坊の庭園（国史跡名勝）も、奈良時代の遺構を伝える名園として知られ、春と秋に公開される。

海龍王寺

五重小塔

## 海龍王寺　地図 P23 ㉛　参照 P83

平城宮の隅にあったことから隅寺ともいう。もともとは飛鳥時代に毘沙門天を安置して建立された寺院であったが、天平3年（731）に光明皇后によって改められて創建された。

初代住持の玄昉は遣唐使として唐に渡っており、多くの経典を持ち帰っている。その一つに海龍王経があり、寺名の由来となったとも言われる。長い歴史の中で衰退していったが、昭和になってから著しく復興された。

創建当時の建物は国宝の五重小塔、重文の西金堂が残っている。このほか江戸期の本堂やこれ納められた十一面観音立像や文殊菩薩立像、経蔵などがある。なお、五重小塔は、約4mほどの建物というよりはミニチュア模型に近いもので、西金堂内に安置されている。8世紀前半頃のもので、細部の様式が薬師寺の三重塔に類似しており、奈良時代の建築様式を知る貴重な資料である。もともと屋内に設置するものであったようで、非常に良い状態で現在に伝わっている。余談ではあるが、「工芸品」ではなく「建造物」として国宝に指定されている。

memo　**手乗りサイズの守り犬**／光明皇后以来、法華寺に伝わるお守りで、尼様が一つ一つ手作りをしている。護摩祈祷の灰を山土にまぜて自然乾燥させ、胡粉などで仕上げる。思わず微笑んでしまう愛らしさだが、大層手間がかかるため要電話予約。

# よみがえる平城京

地図 P23

およそ1300年前、奈良時代の遺構である平城京は唐の都長安を模して造営され、南北4.8キロ・東西4.3キロ、更に東西1.6キロ・南北2.4キロの張り出し部（外京）があり、人口は約10万。100万人都市の長安には及ばないが、当時は世界的にも大きな都市のひとつであり、花の都と呼ばれていた。
現在の平城宮跡は東西約1.3キロ、南北約1キロという敷地に様々な遺跡や復元された施設、展示・学習施設などがある。平成22年（2010）の平城遷都1300年祭にあわせて新設・整備が行われ、さらに平成30年（2018）に朱雀門ひろばを中心とした「平城宮跡歴史公園」が開園している。

### 平城宮いざない館　案内P86

出土品や資料、平城宮全域の復原模型（1/200）や映像などで平城宮の姿を今に伝えるガイダンス施設。奈良時代の役人の仕事だった木簡文書づくりや、瓦葺きなども体験できる。館内には図書コーナーも設けられており、楽しみながら学ぶことができる施設となっている。

### 平城宮跡大極殿正殿・前庭

平城京の政治・儀式の場となっていた建物。1300年祭にあわせて復元・公開された。建物内部も見学でき、天皇の玉座「高御座」の実物大模型が展示されている。
写真提供　平城歴史館
映像制作　凸版印刷株式会社

### 朱雀門広場　案内P84

都を東西に分ける朱雀大路の北端には、平城宮の正門である朱雀門があった。周囲は外国施設の送迎や歓迎で賑わっていたであろう。2018年に観光拠点ゾーンとして平城宮跡のガイダンス施設や、カフェ、レストラン、物販など施設がオープン。注目スポットとなっている。

### 平城宮跡東院庭園　案内P86

1967年に平城宮跡の東端に庭園の遺跡が発見、復元され一般公開。汀線をもつ洲浜敷の池とその周辺に建物が配置されたこの庭で、奈良時代の天皇や貴族が儀式や宴会を行った。

### 平城宮跡遺構展示館　案内P86

発掘調査で見つかった遺構のうえに建物を立て、遺構をそのまま見えるようにしてある珍しい施設。遺構の構造説明や第一次大極殿や内裏の復元模型も展示している。

### 平城宮跡資料館　案内P86

掘り出された土器や瓦、木簡をはじめ、建物模型や航空写真、発掘のジオラマ模型、またビデオなどを通して、710年、藤原京から移されてきた平城宮をわかりやすく展示。

### 平城京左京三条二坊宮跡庭園　案内P86

発掘調査に基づき平城京当時の庭園を再現したもので、後の日本庭園の原型ともいえるもの。復元された高床式の殿舎から庭を眺めて往時を偲ぶことができる。

## 平城宮跡の保全

威容を誇った平城京ではあるが、平安京遷都後は放置されることとなった。しだいに農地となっていき、やがて場所も分からなくなり、全ては土の中に埋もれてしまった。

明治になって、建築史家・関野貞が田んぼの中の小高い芝地が大極殿の基壇であることを発見したことを機に保全運動が始まる。奈良公園の植木職人であった棚田嘉十郎らを中心に署名や援助が集められ、大正10年（1921）には平城宮跡の中心部分を買収して国に寄付、翌年には国の史跡に指定を受けることとなった。

現在、遺跡を横切る形で近鉄電車が走っている。近鉄電車の前身である大阪電気軌道が開通したのは大正3年（1914）。当時は史跡ではなかったのである。皮肉にも、車窓の眺めとしてはまことに素晴らしい。

この後、昭和37年（1962）の近鉄電車の操車場建設計画など危機はあったが、識者や地元の人々らの運動により、これを乗り越えていった。当時、史跡指定をうけていたのは、平城宮跡の中心部分のみである。人々の声は「宮跡全域の国費買上げ」となり、現在実現している。近年、平城京遷都1300年祭に伴う一層の整備の結果、第一次大極殿が復元（平成22年）されるなど保全が進んでいる。（施設の詳細はP25参照）

平成30年（2018）には保存・活用を図る目的で、国有地を中心に史跡平城宮朱雀大路跡とその東側を国営公園の区域にするとともに、その周辺において奈良県が中心となり国営公園と連携した一体的な公園整備が行った「平城宮跡歴史公園」が誕生している。

## 興福院 地図 P23 ㉜ 参照 P84

興福院は尼寺である。由緒をさぐると天平時代にさかのぼるというが、この佐保山の中腹に移ってきたのは江戸初期、寛文5年（1665）である。霊屋に3代徳川家光から14代徳川家茂までの将軍の位牌を祀るっている。本堂に安置された阿弥陀如来坐像は、木心乾漆像だが江戸時代に金箔が貼り直されまぶしくなっている。下品中生の阿弥陀印を結ぶ。木心乾漆という技術は天平末期になって行われた技法である。脇侍が半跏像であるのも珍しい。

廊下を渡って客殿に出ると、庭は小堀遠州好みで、三笠山、春日山、高円山が借景にとり入れられている。現在冬季・夏季は一般公開されていない。

また、境内には遠州と交わりの深かった茶人・長闇堂の茶室と墓もある。

## 不退寺 地図 P23 ㉝ 参照 P86

平安前期の歌人で、『伊勢物語』のモデルとしても有名な在原業平が建立したというこの寺の前身は、業平の祖父、平城天皇の別荘であったと伝えられる。いずれにしても、奈良から平安京へ都が遷されて後のことである。

本瓦葺、寄棟造の優雅な本堂のなかには、業平みずから刻んだといわれる聖観音菩薩の立像が安置されている。像高1.9m、すっくと立った姿には端然とした趣きがあり、法華寺の十一面観音菩薩を連想させる。木彫一木造で、全身に花文装飾が施されていたが、いまその彩色は落ち、地の胡粉も剥げたところが出ている。観音像のまわりには木造五大明王像が5躯ともそろって安置されている。そのほか、業平の父にあたる阿保親王像（木像・鎌倉時代）や、地蔵菩薩立像（木像・平安期）などもある。

業平の画像がこの寺に伝えられていて、それは毎年春と秋に特別公開される。5月28日は業平の命日にあたり、その日、不遇の歌人は56歳の生涯を終えたのである。業平寺ともいわれる所以である。

また、鎌倉中期建築である多宝塔もその日に開扉される。斗栱や蟇股に

鎌倉の香りがする。貫端には天竺様の木鼻をつけている。

南門も鎌倉時代の作。しかし、こちらは末期の正和6年（1317）のもので、昭和のはじめ修理されたとき、墨で書かれた銘が発見された。切妻造、本瓦葺の四脚門である。

境内には、5世紀のものとみられる石棺もある。舟の形をして溝のようなくりぬきがある。なにに使われたものか、古墳時代の人びとの生活をここから思いめぐらしてみるのもおもしろい。

**memo** 尼ヶ辻から引っ越し／興福院は黒髪山丘陵を背後に控え、いつ訪れても静寂で清楚な味わいの名刹である。奈良時代から佐保路に構えていたように思うが実は江戸時代初期、尼ヶ辻の近くから引っ越してきた。近鉄尼ヶ辻駅付近の旧名は興福院村である。

## 般若寺　地図 P23 ㉞　参照 P86

　京都と奈良を結ぶ道、奈良坂の旧街道にあたる路に、入母屋造、本瓦葺の楼門（国宝）が立っている。鎌倉建築である。この寺の起源は、飛鳥時代に高麗からの渡来僧によって開かれたところまでさかのぼるが、治承の乱をはじめ、度重なる兵火で堂塔から昔日の姿は消えてしまった。治承の南都焼討の時には、礎石のみが草むらに散らばっていたという。その荒廃の中に、十三重の大きな石塔が建てられ、次々と堂宇が復興されていった。

　十三重石塔は、高さ14.2m、建長5年（1253）中国の宋の人、伊行末によって建てられたと伝えられる。材質は花崗岩。搭の基壇近くの四面に、線刻で薬師（東）・釈迦（南）・阿弥陀（西）・弥勒（北）の四方仏が彫られている。伊行末は陳和卿に協力して東大寺復興のために働いた石工。

　経蔵も鎌倉時代の復興期の遺構である。経蔵は高い床の建物である。

　経蔵のすぐとなりに、大きな卒塔婆が2基立っている。これは十三重石塔をつくった伊行末の息子が亡父の追善供養と母の息災延命を祈願して建てた（弘長元年＝1261）といわれる。種字による三尊形式が彫られている。

　本堂は江戸期に建立されたが、老朽化し、昭和57年（1982）に大規模な修復工事が行われた。本尊は文殊菩薩騎獅像で、木造。仏師康俊・康成らがつくったと台座に銘記されているから、同じ文殊騎獅像でも、安倍文殊院の文殊より一時代あとの作ということになる。規模や作風に鎌倉全盛期を過ぎた気配を感じさせる。

　春と秋に公開される宝蔵堂には、十三重石塔に納められていた秘仏や秘宝が展示されている。水晶で出来た五輪舎利塔や金銅の阿弥陀如来立像（白鳳時代）など。

　本堂の裏手に、三十三ヵ所観音石像がずらりと並んでいて眼をうばう。これは元禄16年（1703）に造立されたもの。また、この寺は、四季を通じて花の美しい寺としても知られる。特に秋のコスモスが有名である。南都の寺の受難の運命を、その花々が慰めるかのようである。

　なお、般若寺という名前は、聖武天皇が天平18年（746）、大般若経を奉納して卒塔婆を建てたところから由来する。その卒塔婆が、伊行末によって十三重石塔として再建されたのである。

　この奈良坂の近くに、北山十八間戸と名付けられた細長い平屋の建物がある。鎌倉時代、西大寺の僧忍性によって建てられた救癩施設の遺構である（江戸期再建）。夕日地蔵という美しい名前をもった石仏（永正6年＝1509銘）もそのすぐ近くである。

十三重石塔（般若寺）

### 奈良豆比古神社
地図 P23 ㉟　参照 P86

　奈良と京都を結ぶ旧街道に面した処にある「奈良阪の氏神さん」。祭神として光仁天皇の父である施基親王などを祀っている。10月8日夜に行われる翁舞は、国の重要無形民俗文化財（平成12年）に指定されている。

memo　奈良の奈良山／佐保路の北、山城（京都府）との境にある丘陵を古くはナラ山と呼んだ。今は町名として奈良山の字があてられているが、那羅山と『日本書紀』は記す。ナラと読ませる字には平城・及楽・寧楽などいろいろあるが、奈良の字をあてだしたのは平安の頃から。

唐招提寺境内（金堂）

## 唐招提寺　世界文化遺産　地図 P28 ㊱　参照 P85

　天平5年（733）のことである。久しぶりに派遣された遣唐使の船の中に、栄叡・普照という二人の僧が同乗していた。彼らの目的は、唐の国から優れた戒師を招いてくることだった。

　日本に仏教が伝えられて、はや200年が経っていた。日本人の僧侶たちに、権威ある戒を授けてくれる優れた師が望まれていた。

　二人は、これぞという人を探し当てられないまま、空しく9年の歳月を過ごしてしまったが、その時、鑑真という高名な僧に出会い、日本へ招きたいことを訴えた。鑑真は、二人の目的の重要性をよく理解し、とりまいている僧侶たちに、誰かこの日本人僧の願いを引き受けて私と一緒に日本へ行く者はいないか、と問いかけた。　危険をおかして遠い国へ行くことを思うと、誰も進み出る者はいなかった。鑑真は、沈黙しているみんなを見渡して言った。

　「これは仏法のためだ。どうして命を惜しむのだ。誰も行かないのなら私が一人で行こう」

　しかし、鑑真和上のような優れた僧を、中国から手放すとなればそれを惜しむ人も多く、陰にまわって邪魔をする者が出た。

　1回目の渡航計画は、海賊と通じているという密告で逮捕され、2回目、3回目は台風のために船が進められず、4回目には渡航を阻止しようとする寺僧たちに邪魔され、5回目には船を出したと思ったら漂流してしまった。

　この苦難の間に栄叡は死に、鑑真は失明してしまった。

　ようやく、鑑真が日本に到達したときは、天平勝宝6年（754）、第1回目の渡航から数えて、12年が過ぎていた。日本では、2年前に東大寺の大仏開眼供養も行われ、天平文化は最盛期を謳歌している頃であった。

西ノ京

唐招提寺

唐招提寺講堂

memo　**朱雀門の甍よみがえる**／平城宮の南に位置し、正門である朱雀門が現代技術の粋を集めて復元された。正面の幅は25ｍ。基壇を含めた高さは22ｍあり、堂々とした二層構造だ。外国使節を迎えた門、小さな島国が海外に向かって開いた大いなる窓であった。

鑑真一行が大歓迎を受けたことはいうまでもない。

東大寺に戒壇院が建てられ、鑑真はそこで戒を授けた。それから5年、鑑真の戒師としての一応の役目は終わり、西の京の地に寺を建てて、余生を各地から集まる僧尼たちの教育に過ごすこととなった。こうして唐招提寺が建立された。天平宝字3年（759）のことである。

光明皇后の亡くなったあと、天平文化が衰退と混迷の道へさしかかるなかで鑑真は、天平宝字7年（763）、76歳の生涯を閉じた。

師の示寂の近いことを知った弟子たちが作ったのが、唐招提寺御影堂に安置されている鑑真和上坐像（国宝）である。年に1度（6月5日〜7日）3日間しか公開されないが、眼を閉じて正坐しておられる静かな表情の奥に、風雪に耐えて志しを貫いた強い意志と深い悟りがみなぎっている。等身、脱活乾漆像。天平後期の作。日本における肖像彫刻の最古の作であると同時に、姿かたちの上に深い精神性を表現した有数の彫像といえよう。

唐招提寺の南大門（近年復元された）の前に立つと、門の柱を通して、金堂の荘重で優美な姿が眼に入る。寄棟造、本瓦葺の天平建築である。鎌倉期、江戸期に手が加えられたとはいえ、天平期の金堂としては、他に比べ得るものはもう残っていない。

鑑真に従って渡日した弟子たちもともに、この唐招提寺の造営に身を捧げた。開創期から、平安遷都までの約半世紀、彼らによって唐招提寺でつくられ、安置されている仏像群が物語るのは、そのままに天平中期から晩期までの美の運命である。

金堂の内陣には、本尊盧舎那仏を中心に9躯の天平仏が居並ぶ。

**盧舎那仏坐像**は、像高約3m、七重の蓮華坐にどっしりと坐る脱活乾漆漆箔像である。光背は千仏光背で、まさに仏の中の仏の姿を表わしている。切れ長の眼、張りのある頬、豊かな唇などにも、天平と唐との深いつながりを感じさせる。作者は、鑑真の弟子すなわち唐の人・義静である。乾漆という高価な材料を使ってこれだけ大きな仏像（乾漆像では日本最大）をつくるには、それだけ時代の豊かさの裏付けがなければならない。おそらく、この像は唐招提寺の仏像中、最も早くつくられたものだろう。この盧舎那仏は、天平期後半を代表する仏像である。

盧舎那仏の向かって左に、**千手観音菩薩立像**。5.3mもある木心乾漆像である。「木心」というのは、脱活乾漆像と違い、芯に木材を用い、その上に乾漆で形を整える。脱活の後に発展してきた造像法で、その後に乾漆を使わない木彫像が盛んになる。平安時代になると木彫の全盛期に入るが、木心はその先駆をなす。その代表例として、この千手観音を考えることができる。

千手観音といっても、ほんとうに手を千本つくるのは大変で、たいていは少なくしてあるものだが、この像は、大きな手は42、小さな手は911本あり、まさに千手である。これをつくったのは、如宝という鑑真とともに渡日した人。彼は胡国すなわちペルシャの人で、日本へ来たときは二十歳頃だったという。鼻の高い、紅い毛の異人僧がいたことなども、天平ならではの光景だ。

**遣唐使**

中国の唐に派遣された公式使節で、舒明2年（630）から寛平6年（894）の間に20回計画され16回実施された。本来の役割は朝貢使であったが、唐の先進文物・制度の輸入、日本の国際的地位の向上をも目的としていた。

航路としては、7世紀には朝鮮半島沿岸をたどっていたが、新羅との関係悪化により8世紀以降は東シナ海を横断しており、ほぼ毎回遭難している。

奈良時代の遣唐使船は全長約30m、幅9m、一隻あたり百数十人が乗り込んでいたとされ、これが4隻編成で渡航していたようだ。

盧舎那仏坐像（唐招提寺）

千手観音菩薩立像（唐招提寺）

**memo** 柱跡はツゲの木／平城宮跡では朱雀門をはじめ一部の建物が復元されつつある。さりげなく往時の姿を偲ぶ縁となっているのが円筒状に刈られたツゲの木。実はこれ、内裏の柱跡に植えられている。

帝釈天立像（唐招提寺）

薬師如来像は、本像の向かって右側にあり、像高3.4m。薬壺形の光背を背負っている。木造で、昭和47年（1972）の修理のとき、左手の掌の中から3枚の貨幣が発見された。このうち隆平永宝というのは、延暦15年（796）に初めてつくられたと記録にあるから、この像がその年までには完成していなかったことが証明できる。また、この像が天平末期から平安時代にさしかかる頃の作であることも物語る。

本尊の左右に侍る梵天・帝釈天は木造だが、部分部分を乾漆で造形して整えている。木心乾漆から木彫への過渡期の様子を如実に見せてくれるようである。

須弥壇の四方には、木造の四天王が控えめに立っているが、天平末の四天王にしては、動きも古風である。唐人の僧侶たちが、時代の流行などにとらわれず、かたくなに自分たちの流儀を守って造像したのだろうか。

金堂の奥にある講堂は、平城宮朝堂院の朝集殿を移築したものと伝えられている。現在、平城宮跡には遺跡しかなく、この講堂が天平宮殿建築の唯一の遺構というわけである。入母屋造、本瓦葺の優雅な建物である。中には、丈六の弥勒仏坐像（寄木造・鎌倉初期の作）と持国・増長の二天（天平末期の木造）が安置されている。

鑑真が請来した仏舎利が収められている舎利殿（鼓楼）は、鎌倉期の建造。その隣の細長い礼堂も鎌倉建築である。

そして、その東側に校倉造の宝蔵と経蔵が並んでいるが、これは天平時代の建築で、経蔵は唐招提寺建立以前からここにあったと伝えられる古い建物である。

春と秋と年末年始しか公開されない新宝蔵で眼をひくのは、「唐招提寺のトルソー」で知られる如来形立像（奈良時代と推定）をはじめ、頭部や手首などを失った破損仏群である。

そのほか、天平末期から平安初期にかけての木彫像や仏頭などが陳列されており、また、鑑真が日本へ渡ってきた様を絵巻で伝える「東征伝絵巻」（鎌倉時代・全5巻）もこの新宝蔵に収められている。

絢爛たる世界を謳歌したさしもの天平文化も、東大寺大仏造営に全力を使い果たした後、ゆっくりと崩壊して行く。その天平文化の精神を、一身に受止めているような緊張感が、唐招提寺にはみなぎっている。

### 戒律

仏教において、守らなければならない掟として戒律がある。

詳しくは「戒」と「律」に分かれ、戒とは内面的な道徳規範であり、「悪いことをしない、良いことを行う、他の人々のためにつくす」といった内容で、大乗仏教では比丘は250、比丘尼は350の戒がある（派により異なる）。

律とは、仏教教団で守るべき内部の規則であり、「わざと嘘をついてはいけない」などである。律を破ると罰を受けなければならない。罪によっては教団を追放されることもあった。

律宗とは戒律研究を主にする宗派であり、日本に渡った鑑真は南山律宗の継承者である。鑑真が来日する以前も日本に戒律は伝わっていたが、まだまだ不完全なものであり正しい戒律を伝える戒師が求められたのである。

鑑真和上御廟（左）・経蔵（右）

memo　菅原の里／学問の神様、菅原道真生誕地と伝えられるのが、西大寺の南にある菅原町だ。ここには喜光寺（菅原寺）・菅原神社や菅公産湯の井戸跡が残っている。福岡や大阪・京都の天満宮は大きいが本貫地は意外なほどひっそりしている。

## 薬師寺 世界文化遺産 地図P28 ㊲ 参照P87

「薬師寺」というのは、その名前のとおり、病気の平癒を祈って建てられたお寺のことであり、御本尊は薬師如来である。

天武天皇9年（680）、持統天皇の病気平癒を祈願して、飛鳥に建てられたのが、日本で最初の「薬師寺」である。平城遷都（710）の際、薬師寺も、現代の西ノ京（当時の平城京・右京六条二坊）に移された。その時以来、飛鳥の方の寺跡は、本薬師寺と呼ばれるようになった。

新しい平城京の薬師寺造営は、天平2年（730）まで続いたという。しかし、この移転の際、伽藍の建築資材や仏像が飛鳥から運ばれてきたものなのか、新たに、西ノ京の地でつくられたものなのか――この問題は長いあいだ議論されてきた。もし運ばれてきたものだとすれば、東塔や薬師三尊は白鳳時代のもので、新しくつくられたとすれば、天平初期の作となる。

薬師寺東塔（三重塔）は、勝間田池より望む姿が昔から有名だが、白壁の民家ごしにいま見る姿も美しい。そういう情景を楽しみながら南門から入ることにしよう。

南門は室町時代の再建である。くぐると前面に、近年復元再建されたばかりの金堂と西塔が、きらびやかな彩色と荘麗な姿を見せ、右手には古色蒼然とした東塔が静かにそびえてコントラストをつくっている。

**東塔**は高さ34.5mで、各層に裳階がついて一見すると六重塔のように見える。上に行くほど小さくなる屋根のあいだに、裳階がそれに比例して形を変えながら組まれていく。「凍れる音楽」（フェノロサ）と呼ばれた格調のある建築である。塔の頂上の相輪も美しい。

これまでに何度も部分的な修理が行われてきたが、平成21年（2009）に長期にわたる全面解体修理をし、令和3年(2021)2月15日竣工、優美な姿がよみがえった。

金色の鴟尾が燦然とそびえる**金堂**の中には、やはり、白鳳か天平かと論争されてきた**金銅薬師三尊**が安置されている。この本尊、幾多の火事や災難をくぐりぬけ、かつてはまばゆかった金銅の肌も、いまは黒々と輝き、堂々と静かに鎮坐する。落ち着きと威厳に満ちた表情。薄い天衣の下に形づくられる体躯の線も洗練された美しさをみせている。全体のプロポーションや、また脇侍とのつりあいも申し分なく、それは完成された美しさとでもいうべきものである。

脇侍の日光菩薩と月光菩薩は、本尊が静かに印を結

薬師如来坐像（薬師寺）

薬師寺金堂

---

**memo** **達筆祈願**／菅原道真公を祀る各地の天満宮は、「学問の神様」ということで親しまれている。奈良市菅原町の菅原神社には筆塚が立ち、3月25日は筆を供養する筆祭りが行われる。学力向上祈願や悪筆で悩む人、一度お参りしてみては。

## 仏教伝来

仏教は紀元前5～4世紀に釈迦（ゴーダマ・シッダールタ）が開いた宗教で、北インドで生まれた。インドシナ半島・ジャワなどの南洋諸島に伝わった南方仏教（小乗）とインド西方から前漢・朝鮮半島に伝わった北方仏教（大乗）の2大系統がある。日本に伝わったのは北方仏教である。

552年（538年説もあり）、百済の聖明王が欽明天皇に仏教・経典をもって、正式に日本に仏教が伝えられたとされるが、一部の渡来人たちのあいだではこれ以前から信仰していたようである。

伝来当時、日本には独自の宗教・神への信仰があった。仏教を支持する蘇我氏と旧来の神を支持する物部氏・中臣氏の対立を紐解くまでもなく、新興宗教である仏教の受容は困難だったようだ。

しかし、聖徳太子の奨励によって広まり、鎮護国家という現世利益が重視され、徐々に仏教は日本に浸透してゆくこととなる。

玄奘三蔵院伽藍

吉祥天画像（薬師寺大宝蔵殿）

んで瞑想しているのに対し、手の動きと腰のひねり、そしてそれを受ける足の運びが、静けさの中にかすかな動きを表わして優雅である。

本尊の台座四方には、古代世界の文様が刻まれている。上部周縁には、ギリシャの葡萄唐草文様が、中框の四方には、インドから伝わった力神の裸像が、そしてその下には、中国古代からの四方四神（青竜・白虎・朱雀・玄武）がレリーフにされている。

金堂の横には昭和56年（1981）に西塔が再建されており、東西両塔は建造年代が違うが、ふたつの塔がそろっている寺院として、これからは貴重なものとなるだろう。新造の西塔は東塔よりやや高めにつくられており、軒の傾斜や青丹良しに彩色された色の相違を比較してみるのもおもしろい。

さて、金堂の背後の**大講堂**にも、大きな銅造の弥勒三尊が安置されている。この弥勒三尊は、いつどこでどうしてつくられたものか、はっきりしない神秘的な仏像だ。

また、堂内には国宝の**仏足石**がある。釈迦が亡くなり、弟子たちによって仏教が広めはじめられた頃には、仏像を拝むという習いはなかった。仏の像を形づくるなどということは、とても恐れ多いことだったのである。

仏教の布教が始まった頃には、釈迦の遺灰の入った舎利塔が何より尊いものとして礼拝された。（この舎利塔が、五重塔や三重塔へと発展していく。）釈尊の存在を象徴するひとつとして仏足石がつくられたのはその頃のことである。48cmの大きな扁平足の足は、経典に説かれている釈尊三十二相に拠っているのである。

日本に仏教が渡来したときには、舎利塔信仰のほかに、すでに仏像礼拝もインドを通じて、中国・朝鮮で起こっていたので、こういう仏像発生以前の信仰を伝える遺物は、日本にはあまり多くない。

東院堂は東塔の東。鎌倉期の建物である。堂内に安置されている聖観世音立像（銅造）は、均整のとれた美しい仏像で、やはり白鳳期の名作のひとつであろう。

薬師寺には貴重な画像が2点ある。**吉祥天画像**と慈恩大師像である。吉祥天画像は、さしずめ天平の美人画といったところである。慈恩大師像は、藤原時代の肖像画として貴重なものである。慈恩大師は唐の高僧で、法相宗の宗祖である。いずれも公開時期は限られている。

平成3年（1991）に建立された**玄奘三蔵院伽藍**は、西遊記でお馴染みの玄奘三蔵の遺骨と、天竺からの帰国後に経典の翻訳作業をしている様子をモデルにして、右手には筆、左手には貝葉（インドのお経）をもった像が安置されている。また、日本画家の平山郁夫が描いた玄奘三蔵求法の旅をたどる大唐西域壁画も祀られており、完成まで30年の歳月をかけた力作となっている。

薬師寺の中に神社がある。八幡神社といって桃山時代の再建である、かつての垂迹（神仏習合）思想の名残だが、なかに安置されていた八幡三神像は、奈良の国立博物館に出陳されている。

memo **不老不死を求めて**／近鉄尼ヶ辻駅の西南に宝来山古墳（垂仁陵）が横たわる。濠の中に立つ石碑は田道間守の墓といわれているが、この人物は帝の命を受けて東海へ不老不死の果実を探しに旅立った。果実は見つからず、帰国後ここに葬られたという。

染付山水文大皿（大和文華館蔵）

あやめ池

## 大和文華館 （やまとぶんかかん） 地図 P33 ㊳ 参照 P87

昭和35年（1960）、近畿日本鉄道の創立50周年を記念して設立された東洋美術中心の美術館。コレクションの内容は、「寝覚物語絵巻」「婦女遊楽図屏風」（ともに国宝）、「青磁九竜浄瓶」「伊万里染付山水文大皿（写真）」、「沃懸地青貝金貝蒔絵群鹿文笛筒」等に代表されるが、書画・彫刻・陶磁・漆工・染織・書籍など、国宝4件、重文31件を含む、洗練された質の高いものである。

施設周辺は蛙股池ほとりの閑静な立地で緑に恵まれ、海鼠壁が印象的な館の周りには四季の草花が美しい庭園もあって、ゆったりした気分で美術鑑賞が楽しめる。

## 中野美術館 （なかのびじゅつかん） 地図 P33 ㊴ 参照 P85

蛙股池を隔てて大和文華館と向かい合う中野美術館は、日本の近代絵画のコレクションで知られている。日本画の村上華岳・土田麦僊らをはじめ、洋画家では独自の重厚な画風で知られる須田国太郎、岸田劉生・小出楢重・梅原龍三郎・藤田嗣治・青木繁など、近代絵画史を彩る巨匠たちの作品を数多く収蔵している。なかでも浪漫主義的な作風から、晩年には宗教画や山水画に独自の足跡を残した村上華岳の作品は作品数も多く、代表作のひとつ「中国列仙傳」など名作が多い。写真は戦前から戦後に日本独自の油絵を求めて活躍した須田国太郎の作品。

須田国太郎「ヴァイオリン」（中野美術館蔵）

## 松伯美術館 （しょうはくびじゅつかん）
地図 P33 ㊵ 参照 P84

近代日本画を代表する画家のひとりで、美人画で名高い上村松園と松篁・敦之の親子3代の作品を中心に収蔵展示する美術館。特定作家の作品を集めた日本画のコレクションは県内でも珍しく、「花鳥画」など特定テーマを設けた企画展も随時開催されている。施設のある大渕池周辺は、緑豊かな自然公園として市民の憩いの場となっており、池の畔に立つ美術館の建物は格好のランドマークとなっている。

また、美術館の東側には故佐伯勇近鉄名誉会長の旧邸がある。昭和40年（1965）に建築家の村野藤吾が設計した木造による数寄屋建築建てられたもの。一般公開はしていないが、開館日の土曜・日曜・祝日に限り、11時から15時の間、内庭を開放して野点喫茶を営業している。

岩船寺三重塔

### 岩船寺 (がんせんじ) 地図 P34 ㊶ 参照 P83

　建立は天平元年（729）といわれるこのお寺は、初夏には紫陽花の花が美しい寺である。山門を入ると、寺名の由来となった石船が置かれており、その奥、小高いところに三重塔がそびえる。三重塔は室町時代の建立、高さ約20m、ひきしまった造りが美しい。平成の大修理を経て、樹影に朱色と白色に彩られた塔が立つさまは圧巻である。

　本堂の本尊は、胎内に書かれた記録から天慶9年（946）の作と推定されている阿弥陀如来坐像である。樟一木造の丈六仏。どっしりとした像で、大きな螺髪や、体躯を包む衣文に見られる翻波式の名残りなどに、貞観期から藤原期にかけてつくられた様子が読みとれる。白毫は水晶でできている。

　本堂には、ほかに、藤原時代につくられた普賢菩薩像、鎌倉期の四天王や十一面観音菩薩像、室町時代の十二神将像なども安置されている。山寺の趣き深い寺である。

左／浄瑠璃寺本堂（九体堂）
右／浄瑠璃寺三重塔
※九体阿弥陀如来坐像は2018年より2体ずつ修理中

### 浄瑠璃寺 (じょうるりじ) 地図 P34 ㊷ 参照 P84

　平安初期、浄土信仰が盛んになった時期に建立された寺で、池をめぐる庭園が美しい。

　本堂には、9躯の阿弥陀仏（檜寄木造）が居並ぶ。九体寺という別名はここから由来した。

　阿弥陀堂に九体の阿弥陀を並べるというのは、藤原時代に流行した形式だが、現在、こうして9体を残しているのは、浄瑠璃寺だけだ。

　阿弥陀といっしょに祀られている吉祥天立像（鎌倉時代・寄木造）は、お正月と春秋の一時期しか開扉されない。艶なる天女像である。この像を容れている厨子の扉絵も有名なものだが、寺にある

当尾の里

memo　幻の百済大寺発掘？／桜井市の吉備池で発掘された寺院跡は吉備池廃寺跡と名付けられた。しかし金堂の規模があまりに大きい（36m×25m）ことなどから、大安寺のルーツである百済大寺ではないかと推定されている。今まで同寺については所在地に定説はなかった。

のは模写で、本物は東京芸術大学が保管している。

四天王も藤原時代の味わいを見せ、不動明王と二童子像（鎌倉時代）の、とりわけ童子像のあどけない表情も忘れられない。

## 海住山寺　地図P34 ㊸　参照P83

天平時代の中頃、聖武天皇は恭仁京や難波宮、紫香楽宮へ遷都を試みたことがあった。恭仁京は、京と奈良の境、丘陵のはざまに木津川がつくった小さな盆地に造営された。そのあたりは「瓶原」と呼ばれた。そのおり、ここに山城国分寺も造営されたが、火災などで廃れていった。

中世に入って、この「瓶原」を見下ろす山の中腹に解脱上人貞慶が興したのが海住山寺である。うっそうと茂る山の高い樹々のあいだに五重塔が印象的である。秋には塔内も公開される。本堂の十一面観音菩薩は、2m近い一木造の貞観仏。仏壇の両わきには観音浄土の補陀落山にまつわる壁画もある。室町時代の壁画である。

五重塔は建保2年（1214）の建立。高さは18mに満たない小さな塔だが、姿は華麗で、本堂をはさんで北に立つ文殊堂と向かい合って鎌倉建築の美しさを見せている。初層の裳階が大きく広がる形は珍しい。五重塔は、奈良の昔の頃は、上層の屋根を小さくし、心柱を受ける心礎は地中深く埋め、そこに舎利も納められたものだった（法隆寺五重塔）。その後、塔の初層に仏像を安置する習慣が始まる。そうなると、初層の心柱はかえって不要になる。もともと構造上、心柱は塔の重さを支えるものではなかったこともあるが、心礎が基壇の上に据えられたり、また心礎のない塔がつくられる。川原寺では、心礎に舎利孔がない。薬師寺（東塔）もそうで、舎利は心柱頂上に安置されている。8世紀に入ると當麻寺西塔は薬師寺東塔と同じ方法をとり、室生寺五重塔は、相輪の上に宝瓶と宝蓋をおき、舎利は宝瓶に納めている。

こうして、海住山寺では、心柱は初層の天井で止められてしまった。平安時代後期の三重塔に、初層に心柱のない例はあるが、五重塔ではこれが最古である。ついでにいえば、木津川をへだてて当尾の丘に立つ浄瑠璃寺三重塔は治承2年（1178）に建てられたと伝えられるが、心柱がなく、四天柱もない。初層は広い空間を保っている。

古代の塔は、屋根の各層が上にゆくほど小さくなり、相輪は塔の総高の3分の1位の長さをもっていた。法隆寺や薬師寺東塔が美しい姿を保っている、ひとつの秘密である。しかし建築技術が発達してくると、上層の屋根を小さくしなくてもよいようになる。8世紀を過ぎると上層の屋根と下層の屋根の大きさも、さほど変わらなくなり、塔の姿の印象が一変する。海住山寺の小さな塔は、こんな塔の運命を担いながら、山深い里に静かに立っている。柱上の組物も、二手先斗栱という簡素なスタイルが選ばれている（普通は三手先斗栱が使われる）。

## 当尾の石仏群　地図P34 ㊹

岩船寺から浄瑠璃寺へと下る参道に沿って、かつて、このあたりに隠れ住んだ僧たちが彫り上げたであろう石仏群が随所に残されている。あるいは磨崖仏であったり、石地蔵であったり、あるいは燈籠であったりする。鎌倉時代に多くの放浪僧や隠遁僧が出たが、かれらがこの人里離れた山奥で、修行を積んださまが偲ばれる。また、この岩船寺や浄瑠璃寺のあたり、木で組んだ無人スタンドに、梅干や柿や季節の野菜が吊り下げられて売られているのも、山里の気分を盛りあげる。

## 恭仁京　難波宮　紫香楽宮

平城京が生まれたのは和銅3年（710）、平安京が延暦13年（794）。あまり知られていないが、この間に5度の遷都【平城京→恭仁京（京都府木津川市）→難波宮（大阪府大阪市）→平城京→長岡京（京都府向日市・長岡京市・京都市）→平安京】が行われている。さらに紫香楽宮（滋賀県甲賀市信楽町）が作られるなどかなり頻繁に、そして広い範囲で都の移動が行われている。

もっとも恭仁京は完成せず、難波宮は1年、長岡京は10年と短い期間のみ都である。余談ではあるが、難波宮は副都として、さらに遣唐使の港として栄えている。

長岡京（一説には平安京への準備）・平安京への遷都以外は、全て聖武天皇により行われている。この頃は、権力争いによる政情不安定、疫病や災害の多発など様々な問題を抱えていた時代でもある。災いからの脱却を目指し、天皇は仏教にすがったともされる。奈良にある大仏も、当初の計画では紫香楽宮近辺に作られる予定だったという。

なすのこしかけ（左）　海住山寺五重塔（右）

**memo**　伊行末と伊末行／大和路の石造物に名を残す2人の名工は、ともに宋から来日した工人の一派だといわれている。伊行末は大字陀町大蔵寺の層塔や般若寺十三重塔に、伊末行は当尾の笑い仏の刻銘により明らかになっている。

松尾寺境内

金剛山寺の紫陽花

金剛山寺（矢田寺）
地図P36 ④⑦  参照 P84

なだらかな矢田丘陵の中腹に位置する金剛山寺は、古くから矢田寺の名で親しまれ、「矢田の地蔵さん」として広く信仰されている。山門を入り、約200段に及ぶ石の階段をのぼると本堂に着く。本尊の地蔵菩薩立像は藤原初期の木造仏とされ、「矢田地蔵縁起」によれば、小野 篁 と共に地獄に赴いた矢田寺の僧が、衆生を救済する地蔵菩薩に出会って造仏を志し、春日明神の助けを借りて彫り上げたものという。眺めのよい境内は花の名所としても有名で、5月下旬から7月にかけて伽藍を彩る色とりどりの紫陽花は、約60種1万本を数える。

## 松尾寺　地図 P36 ④⑤　参照 P87

松尾寺のある松尾山は、矢田 丘 陵の南端にあたり、境内からは斑鳩の里や大和盆地が一望できる。8世紀初めの養老年間に、舎人親王が『日本書紀』編纂の成功と自らの厄除けを祈願して建立されたと伝えられ、本尊の千手千眼観音菩薩は「厄除け観音」として信仰されている。重文の本堂は朱塗りで建武4年（1337）の再建。正面側面ともに5間の入母屋造である。寺院には珍しく、境内には本格的なバラ園があり、シーズンには参詣者の目を楽しませてくれる。

## 大和民俗公園・奈良県立民俗博物館　地図 P36 ④⑥　参照 P87・85

なだらかな丘陵地に広がる大和民俗公園は、奈良県立民俗博物館を中心に整備された自然文化公園。園内の散策路沿いには、吉野、宇陀・東山、国中、町家など奈良県内の特色ある実物の民家や付属施設が、地域ごとに移築展示されており、自由に内部見学もできる。

民俗博物館の常設展示は、稲作（奈良盆地）、大和のお茶（大和高原）、山の仕事（吉野山地）の各コーナーに分かれ、それぞれの地域の気候風土から生まれた仕事ぶりや道具を、模型などを使ってわかりやすく紹介している。また、館内のビデオ学習室には、祭りや芸能、伝承技術など、無形民俗文化財に関する貴重な映像資料が集められており、民家展示とともに、奈良の風土や暮らしを系統的に学べる格好の施設となっている。

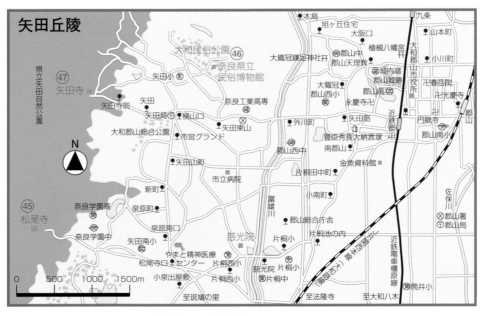
矢田丘陵

memo　ベッド生活をしたお坊さん／川原寺は飛鳥寺・大官大寺と並び飛鳥三大寺といわれた。1957年に寺跡の発掘調査が行われ、その結果、僧坊が土間床であったことが判明した。つまり僧侶はベッドに寝て、経典は椅子に腰掛けて読んだらしい。

# 奈良西部

奈良盆地の西には、大阪との境をなしている生駒山地の山並みが連なっています。山地のほぼ北端にあたる生駒山には、生駒聖天こと宝山寺、南端の信貴山には「信貴山縁起」で名高い朝護孫子寺と、広く知られた名刹があり、尾根を縫うように二寺を結ぶ信貴生駒スカイラインは、夜景の美しいドライブコースとしても人気があります。

生駒山地の東麓にあって古くから開けた仏教文化の中心地が斑鳩の里。ここには、聖徳太子ゆかりの法隆寺や中宮寺があり、飛鳥と並ぶ日本仏教揺籃の地です。

信貴山から西名阪自動車道を隔てた二上山の南麓は、古くから当麻の里と呼ばれ、飛鳥と河内を結ぶ日本最古の官道、竹之内街道の道筋にあたります。国道と並行するかつての街道沿いには陵墓や石造遺物などが点在し、牡丹で名高い當麻寺など散策向きのエリアです。

奈良市内からはJRや近鉄が利用できるエリアですが、バスを併用することが多いので、事前に路線等をチェックしておきましょう。

※東院と西院に分かれた法隆寺の境内は非常に広いので、時間に余裕のない場合には、事前に参拝する伽藍を決めておいた方がよい。余裕があれば受付などのパンフレットに指定されている順路で。法隆寺駅の周辺は貸自転車などもあるが、このモデルコースでは境内の移動や、地形の起伏もあって薦められる。大和小泉駅からスタートして、モデルコースを逆にたどり、法隆寺でゆっくりするのもいい。

※當麻寺駅の周辺には、相撲の祖とされる当麻蹶速の塚や、葛城市相撲館けはや座などもあるので、相撲に関心のある人は立ち寄ってみるとよい。石光寺からさらに10分ほど足を延ばすと、二上山の麓に二上山ふるさと公園がある。展望台もあって二上山の夕景を眺めるには格好のスポット。公園から近鉄二上神社口駅までは徒歩で10分ほど。

## 聖徳太子 (574～622)

飛鳥時代の皇族で、用明天皇の第二皇子。推古天皇の摂政であり、蘇我馬子とともに内外の政治にあたったという。冠位十二階の制や憲法十七条を定め、また歴史書の編纂を行ったとされ、豪族を官僚として組織して、国家の形をととのえることを目指したという。

推古15年 (607)、隋との国交をひらくため小野妹子を遣隋使として中国に渡らせている。有名な「日出づる処の天子、書を日没する処の天子に致す。恙無きや、云々」はその際の国書である。中国の王朝と対等な立場を主張しており、隋の皇帝煬帝は激怒したとされる。遣隋使には多くの留学生・学問僧がしたがっており、長期滞在後に帰国した彼らは大化の改新に始まる国政改革に大きな役割を果たしている。

聖徳太子は仏教の興隆にも尽力しており、法隆寺や四天王寺を建立している。法隆寺は太子が一族とともに住んだ斑鳩宮の側にあったという。太子の死後、一族は蘇我入鹿に滅ぼされている。太子の子である山背大兄王は、有力な皇位継承者であり権力闘争に巻き込まれたのであろう。山背大兄王の母は入鹿の妹であったとされる。

## 法隆寺　世界文化遺産　地図 P38 ①　参照 P87

斑鳩は法隆寺の里である。斑鳩はまた聖徳太子とゆかりの深い里である。

現在の法隆寺は、白鳳時代に再建されたものと考えられているが、東大寺や興福寺などが相つぐ戦乱と災害で多くの寺宝や建築物を失ったのに比べると、法隆寺には古代のままの姿が保存され、厖大な寺宝もよく守られてきている。だから、法隆寺をじっくりと見て回るだけで、日本の古代から中世への美術史の勉強ができるとさえいえよう。

白鳳時代に再建される以前、『日本書紀』には天智 9年 (670) に火事があったと記録されており、それ以前には、聖徳太子が建立したと伝えられている若草伽藍や斑鳩宮が立っていたのだろう。若草伽藍跡の塔心礎がひとつ、南大門のやや東にある。若草伽藍は、塔が南、金堂が北にある四天王寺式の配置をしていたことが、発掘によって分かった。

皇極 2年 (643)、蘇我入鹿は斑鳩宮を焼討ちし、山背大兄王をはじめ聖徳太子の一族をみんな殺してしまった。そのうえに、天智9年の火事ですべては燃え尽くされ、最初の法隆寺の面影は消えてしまった。それ以来、幾度となく築き直された堂宇が、今日にまで伝えられている。

### 〈西院〉

五重塔の優美な姿は、遠くからも望まれる。その法隆寺伽藍の総門にあたる南大門が、松並木の尽きるところにある。室町時代の建造、単層入母屋造の八脚門である。

南大門をくぐると、広い砂利道の向こうに中門が現われる。ギリシャ彫

斑鳩の里

memo　**法隆寺流記資材帳**／747 (天平 19) 年に編まれた法隆寺の寺宝カタログ。大安寺と元興寺でも編集された。謎に包まれた法隆寺諸仏の様子が記されており、五重塔初層の塑像の制作記録もこの書にある。1981年から『法隆寺昭和資材帳』の編纂事業がスタート。

刻にも見られる胴の中ほどがふくらんだエンタシス形式の柱、卍崩しや人字束の高欄が白鳳建築の美しさを特徴づけている。中門左右に、阿吽２体の**金剛力士像（仁王）**が見える。天平時代につくられた塑像だが、黒く塗られた吽形像は頭を残して木彫りに替わっている。

　**回廊２棟**は、中門の左右から金堂と五重塔を包むように張り出し、背後にある大講堂につながっていく。立ち並ぶエンタシスの列柱が快いリズムをつくりあげている。

　**金堂**は、木造建築としては世界最古のものといえよう。重層入母屋造で、初層には裳階がついているが、裳階は当初はなかったともいわれる。上層は、初層よりも小さく、この建物のバランスをよく保っている。軒の出と反りの鋭さは美しく、見る者を白鳳の美に酔わせる。上層の屋根を支えている４匹の昇り龍は後補である。

　金堂の内部に入ると、エンタシスの柱の奥に、数多くの仏像が安置されているのが見える。中央（中の間という）にあるのは、止利仏師作金銅**釈迦三尊像**である。北魏の様式を留めている飛鳥仏の代表である。面長な顔立。杏仁形の目と仰月形の唇がその特徴である。その口元には、古拙の微笑を伝えており、ふしぎな威厳のある仏様である。釈迦本尊の両わきにある脇侍（薬王と薬上菩薩）も、面長なアルカイック・スマイルの小形の像で、大きな宝冠と足先よりも長く伸びた天衣が印象的である。

　本尊の光背は大きく立派で脇侍にもかぶさっている。火焔模様の中に化仏が浮き出ているが、金堂の中は暗いので、よく見ないとなかなか分からな

釈迦三尊像（法隆寺）
薬王菩薩（右）
薬上菩薩（左）

法隆寺

■は国宝建造物

N

memo　**ウオーナー塔**／太平洋戦争で奈良と京都の文化財が戦火に遭わなかったのは、ハーバード大学フオッグ博物館東洋部長ラングドン・ウオーナー博士の功績といえる。博士に感謝する記念碑は法隆寺西円堂（峰の薬師）の西側に立つ。

**東院**

　東大寺転害門とともに天平時代の八脚門の美しさを誇る**東大門**をくぐると東院へ通ずる。そこは、かつて斑鳩宮のあったところ、荒れ果てた地に行信僧都が太子の冥福を祈って夢殿を建てたのは天平時代のことである。夢殿の堂内にはこの行信僧都の等身の乾漆像と、行信亡きあと再び荒廃した東院を復興した道詮律師の貞観期作の塑像が安置されている。

　夢殿の本尊は救世観音と呼ばれている樟一木造の飛鳥仏である。明治の初めまで秘仏として数百年間人目に触れることがなかったので、保存状態がよい。いまも秘仏であり、開扉されるのは毎年春秋の2回だけである。

　聖徳太子の等身像という言伝えもあり、均整のとれた像身、神秘的な表情など飛鳥彫刻の精粋を見せてくれる。

　礼堂・絵殿・舎利殿・東院回廊・**東院鐘楼**などは鎌倉期の再建といわれている。

　絵殿にあった聖徳太子絵伝（藤原時代）は東京国立博物館に、太子坐像（鎌倉時代・寄木造、太子の子供の時の姿）は大宝蔵殿に展示されている。

　**伝法堂**は天平期の建物で、堂内には3組の天平末期の阿弥陀三尊と四天王、梵天・帝釈天（いずれも藤原期）などを安置している。

**中宮寺**　地図P38②　参照P84

　法隆寺東院のすぐ隣りにある中宮寺は、弥勒菩薩と天寿国曼荼羅繍帳で有名である。本堂は近年建て直されてコンクリート製になってしまったが、そのなかに、寺伝では如意輪観音と呼ばれている飛鳥仏・弥勒菩薩半跏思惟像が安置されている。金箔は剥げ落ち、漆が塗り直されて黒々とした肌が美しさを呼んでいる。右手を頬に触れんばかりにして静

いだろう。この金銅仏の光背の裏側に銘文が刻まれている。そこには、推古31年（623）母・間人皇后のあとを追うように薨去された聖徳太子夫妻のために、止利仏師にこの像をつくらせたと記録されている。

　釈迦三尊の右隣（東の間）に安置されているのは、**薬師如来坐像**である。金銅仏で、光背の裏には、推古15年（607）に聖徳太子の父・用明天皇の病気回復を祈ってつくられたと刻まれている。推古15年作といえば、日本でも有数の古い仏像ということになる。用明天皇が薬師仏をつくろうと発願したことは記録にも見られるが、この薬師如来の顔も、よく見ると、隣りの釈迦三尊よりも丸く柔らかくなっており、全体の形式や衣文などにも釈迦三尊の時代より後の作とみた方がよい特徴が現われている。しかも、鋳造技術も釈迦像より優れており、どうも銘文の記録は信じられなくなってくる。おそらく天智9年の火災で元の薬師如来像は失われ、そのあとつくり直されたものだろう。元の薬師像はもっと大きかったと想像される。

　釈迦三尊像の左（西の間）に安置されている**阿弥陀三尊像**は、右のふたつの本尊に比べるとさらに小さめである。光背には貞永元年（1232）康勝（運慶の四男）がつくるとある。（以前には、この場所に小金銅仏などが安置されていたらしいことが、天平19年の『法隆寺流記資財帳』から推測できる。）

　現在、金堂には、こうして三つの本尊が安置されている。たいていは、ひとつのお堂にひとつの本尊が祀られているものなのに、なぜ三つも置かれているか。鎌倉時代に早くもそんな疑問を抱いた人がいる。『古今目録抄』という本を書いた顕真得業という人で、彼によると、元は薬師如来が本尊として中央に置かれていたが、隣の釈迦三尊の方が大きいので、入れ替えたのではないかというのである。薬師が中の間で釈迦三尊が東の間にいたという説はうなずける。じつは平安時代の頃、東の間の天蓋が落ちて壊れたという事件があったが、釈迦三尊の光背の縁の傷跡がそのときのもののように見える。太子信仰の発展とともに、用明天皇のためにつくられた薬師如来より、聖徳太子のためにつくられた釈迦三尊の方が本尊にふさわしいと、寺の人が考えて置き替えたのかも知れない。

　拝観コースからは全貌を見ることはできないが、**日本最古の四天王像（樟一木造）**が、金堂須弥壇の四隅に立っている。後の時代の四天王像のように激しい動きは示さず、静かな表情で立っている。

　釈迦三尊の両わきには、藤原時代につくられた吉祥天と毘沙門天が立っており、その奥にも、北の方を向いて、地蔵菩薩（貞観木造像）・吉祥天（平安塑像）が立っている。

　三つの本尊の上に吊り下げられている**天蓋**も見忘れるわけにはいかない。とくに、釈迦三尊と阿弥陀如来の天蓋は白鳳時代のものである。檜でつくられ、屋根形をして、蓮珠文や蓮華文に彩られ金銅透彫りや飾り玉などで装飾されている。屋根の外周に、竪笛や琴を奏でる天人や鳳凰（木彫）が飾られている。

memo　**日本最古の三重塔**／法起寺三重塔は日本最古かつ最大の三重塔である。露盤銘によると、707（慶雲3）年に竣工、高さは24m近い。室町時代に失火に遭ったがこの塔は難を逃れた。組物や匂欄などに優れた意匠を見ることができる。

中宮寺本堂

斑鳩の里

菩薩半跏思惟像（中宮寺）

　再建後も法隆寺は、数々の苦節を経験してきた。あるときには廃寺に近い状態になったこともあり、昭和24年（1949）には金堂に火災が発生した。だから、金堂内側の壁面には大壁画が描かれていたが、現在のは模写である。釈迦・薬師・阿弥陀・弥勒などの浄土世界が色鮮やかに描かれていて、世界にも数少ない古代の壁画だった。火事のときちょうど取り外されていて、災難を逃れた小壁の飛天の図は、大宝蔵院に展示されている。

　**五重塔**は高さ34.1ｍ、金堂の約２倍である。各層順次小さくなっていく比率が等しく、いちばん上の第５層は初層のちょうど半分になっている。深い軒の下に見える雲形斗栱の組物や、ゆるやかに反り出す本瓦葺の屋根の線も美しい。

　心柱は、いまは基壇のところで止まっているが、かつては地下３ｍまで達しており、そこには仏舎利を納める礎石がある。仏舎利はガラスの瓶に納められており、それがまた、金・銀・銅の三つの容器に順に納められている。銅の容器の中には海獣葡萄鏡も納められていた。

　塔の初層四面に塑像の群像が飾られている。北面は、釈迦涅槃の場面。漆黒に塗られた釈迦が横たわる周りに、弟子たちがその死を悼んで号泣している。小ぶりな塑像群の一つひとつの表情は、生々しくさえ感じられる。四面ともに、背景には須弥山をかたどった起伏の大きい岩が埋めこまれている。

　『法隆寺流記資材帳』に、和銅４年（711）につくられたという記録があるから、天平初期の塑像である。東面は、維摩居士と文殊菩薩の問答の場面。南面は、弥勒浄土の世界を、そして西面は、仏の舎利を分ける場面を表わしている。崩れやすい塑像なので、後世の補修も多いし、また、いまは金網と柵越しにこれらの小さな塑像群を見なければならないので、静かな感動を味わうのはなかなかたいへんだが……。

　**大講堂**は正暦元年（990）に再建されたもの。藤原初期の建物の中では大きい遺構である。堂内の中央には、檜一木造の薬師三尊。講堂が再建されたときにつくられたものと思われる。金箔の堂々たる藤原初期の仏像である。左手に持っているのは薬壺である。左右に侍するのは、日光・月光菩

かに微笑む表情は、モナ・リザの微笑みと好一対といえよう。
　聖徳太子の死を悼んで妃の橘大郎女が刺繍させた天寿国曼荼羅繍帳は、いまは六つの断片を残すだけだが、鎌倉時代に修理した箇所よりも、飛鳥時代につくられた部分の方が、色も鮮やかで糸の張りもしっかりしているのは不思議である。現在、実物は奈良国立博物館へ寄託されている。

法輪寺

**法輪寺**　地図P38③　参照P87

　法隆寺を北へ約１km、田圃の中にあるのが法輪寺。三重塔が昭和50年（1975）再建された。
　講堂内にはずらりと飛鳥・藤原期の仏像が並んでいる。中央本尊は、十一面観音菩薩で像高3.6m、台座まですべて一本の神代杉でつくったといわれている藤原仏。彩色のよく残っている板光背を背に、左手に蓮華を持って静かに立っている。
　その左右に飛鳥仏が安置されている。ひとつは虚空蔵菩薩立像（樟一木造）、もうひとつは、どこか安居院の飛鳥大仏と似た表情をしている薬師如来坐像（樟一木造・寺の本尊）で、いずれも飛鳥後期の作だろう。表情や形式に柔らかさが見出される。

塔本四面具「北面」涅槃（五重塔初層）

memo　「白鳳」時代／白鳳とは白雉という年号の美称であり、美術史上の用語である。一般に奈良時代美術とは大化改新から平安遷都まで
での約150年間を指すが、このうち前期を白鳳という。彫刻では法隆寺の諸仏の中に典型例が見られる。

41

**法起寺** 世界文化遺産
地図P38④　参照P87

法起寺には、文武天皇の慶雲3年（706）に建立されたという、日本最古の三重塔がそびえている。

中宮寺も法輪寺も法起寺も、いずれも聖徳太子およびその一族とゆかりの深いお寺である。

**慈光院**
地図P38・36⑤　参照P84

法隆寺の東北に位置する慈光院は、古代の墓が多い大和の中でも、比較的新しい時代の創建に属する。しかし、その書院式枯山水の借景庭園などは、奈良には珍しいものであり、一見に値する。斑鳩の里の散策に、時間が許せば、是非とも足を延ばしてみたいお寺である。

当寺は、小泉藩主片桐貞昌（石洲）が、その父の菩提を弔うために建立したものだという（寛文3年・1663年）。片桐貞昌は、石州流茶道の祖でもあり、茶室・書院・庭園などに、彼の好みがよく示されている。

茶室は二畳台目の隣にさらに二畳の控えの間を設ける柿葺の閑茶室などがあり、書院は主室とほか数室から成り、とくに主室からの眺めはすばらしい。

書院の庭園は、高台を利用してつくられ、大和平野を借景とする優れた枯山水借景庭園である。

このお寺の拝観料は少し高いが抹茶接待付。前日の昼までに申し込めば、精進料理もつくってくれるそうである。

薩である。四隅には四天王がおり、これも同時代のものである。

須弥壇の手前に、論議台がふたつ置かれており、堂内の奥には、金堂の模型などが置かれている。

講堂の背後、やや高いところにあるのは、**上御堂**で鎌倉時代の再建。藤原初期の寄木造、平安時代の釈迦三尊、室町時代の四天王などが安置されている。（毎月11月1日～3日まで特別開扉）。回廊の外、西側には、**三経院及西室**がひとつ棟につながって細長く立っている。鎌倉時代の再建。

その奥に**西円堂**がある。峰の薬師堂とも呼ばれ、やはり鎌倉期の再建で、夢殿と同じ八角円堂だが、鎌倉建造物の簡素さが印象的である。堂内には、天平後期の脱活乾漆像・薬師如来を中心に鎌倉期の**十二神将**が安置されている。薬師如来の胎内仏であった15cm余りの小さな金銅薬師（峰の薬師胎内仏）は、大宝蔵院に展示されている。天平時代の小金銅仏として、数少ない例のひとつである。

大講堂の両わきに**経蔵**と**鐘楼**がある。経蔵は天平時代の建物。鐘楼は講堂と同時期のものといわれている。中にある鐘には銘が無いが、白鳳か天平頃から伝わっていることは間違いない。

回廊を東へ出ると、西側の三経院・西室と対称的に立っているのが、**聖霊院・東室**で、鎌倉期に再建されている。聖霊院には、檜一木造の聖徳太子像（鎌倉時代）が祀られている。

聖霊院に平行して妻室と綱封蔵が立っている。妻室は僧房で藤原時代の建物、綱封蔵は平安初期の建立といわれている。かつての宝物倉庫で、高床になっている。

綱封蔵の北にあるのが**食堂**（天平時代）と細殿（鎌倉時代）である。食堂に祀られていた梵天・帝釈天および四天王などの塑像は、いずれも天平初期の作と推定されているが、いまは大宝蔵院に展示されている。

**大宝蔵院**は百済観音堂を中心に、東宝蔵と西宝蔵からなる。そこは数々の宝物にあふれ、法隆寺の長い豊かな歴史に驚かされるが、それでも多くの宝物が流出しているのである。たとえば、明治初期、財政難に陥ったとき、宝物の一部を皇室に献納して下賜金を得たのもそのひとつだ。そのなかには、橘寺から持ってきた金銅48体仏や、金銅透彫灌頂幡、繍仏、聖徳太子絵伝などがあり、いまそれらは東京国立博物館の法隆寺宝物館に納められ、展示されている。

さて、法隆寺の大宝蔵院の中から代表的なものをとりあげてみると、銅を槌でたたいて浮彫にした押出仏（金銅阿弥陀三尊と二比丘像）や、右脇侍を失った小さな釈迦如来・及び脇侍像（金銅・光背銘文には推古36年作とあり、止利派の作と伝えられるが、釈迦三尊などより柔らかい表情になっている）、明治初期の神仏分離で大神神社の神宮寺大御輪寺から移された伝えられる平安初期の彫刻が特色の地蔵菩薩像などがある。（展覧会などで不在の場合あり）また白鳳期の六観音菩薩は樟一木造で、あどけない表情が見る人を捉えるだろうし、銅造の夢違観音も白鳳仏のやさしさを精一杯表現して、悪夢を吉夢に変えてくれる。白壇の一木造の九面観音も、壇像としては白鳳期には珍しい。

百万塔は、20cm位の高さの三重塔だが、なかに世界最古の印刷物である木版の陀羅尼経が納められている。天平時代の作。

**memo**　古代の乳製品／飛鳥時代の食生活は？　となると謎の謎、ではなく結構明らかになってきている。特に貴族の食事は資料が豊富で、チーズもあったというから驚き。蘇・酪・醍醐といった乳製品の名が見え、最近は業者が復元に取り組み販売している。

百済観音（法隆寺大宝蔵院百済観音堂）

夢違観音（法隆寺大宝蔵院西宝蔵）

**藤ノ木古墳**
地図P38⑥　参照P86

　直径約48m、高さ約9mの円墳。石室内からは鎧や鉄鏃などの武器・武具、金銅装の馬具、土器類が出土。石棺内の副葬品は豊富で、各種の金属製の玉類、1万数千点を超えるガラス玉などの装身具、冠・履・大帯などの金属製品、四面の銅鏡、玉纒大刀、剣、その他繊維製品など。6世紀後半の埋葬儀礼を解明、当時の文化の国際性をも示す重要な古墳。法隆寺南門を西に行った「斑鳩文化財センター」では、藤ノ木古墳出土品のレプリカ（複製）を常設展示。

**吉田寺**
地図P38⑦　参照P83

　天智天皇の勅願で創建されたとも、永延元年（987）恵心僧都源信が開山したともされる。
　長患いせずシモのお世話にもならずに「ぽっくり逝ける」とされることから、別名のぽっくり寺が有名。恵心僧都が母親の臨終に際し、祈願をした衣服を着せて安らかな往生を遂げさせたという伝説が残る。
　本尊は藤原時代の阿弥陀如来像であり重要文化財に指定されている。金色に輝く堂々たる丈六仏で木造で像高480cm、立派な光背には多数の小さい仏様がが配されている。ぽっくり往生を願うご老人の信仰が篤く、いまも各地から参詣の人々が多く訪れる。
　本堂西側には、天智天皇の妹の間人皇女のものとされる古墳がある。

　百済観音堂に安置するのが**百済観音**だ。細長いからだで優雅にたたずむ飛鳥期の彫刻だ。夢殿の救世観音と比べても、止利派の左右対称で正面から見ることのみを考えたような形式とは異質で、止利派の彫刻が中国北魏の様式を見習ったのに対し、百済観音の方は、同じ時代の中国南部の木造仏を見習ったのかと推測される。しかし北魏の石仏などは幸い石造なのでいまも残っているが、古代中国の南部の木造仏などは、残っている例がないので証明はむずかしい。左手に持つ水瓶の持ち具合が揺れているようで、酒買い観音の異名もある。天衣も横から見るようにつくられている。樟一木造である。
　このほかにも注目すべきは、玉虫厨子と伝橘夫人念持仏だろう。推古天皇の御物といわれる玉虫厨子は、須弥座の上に宮殿が載せられ、その柱や桁・台座の細長いところに透彫金具を貼り、その下に玉虫の羽が敷きつめてある。そこからこの名前が由来した。宮殿の中には今は小さな金銅観音仏が安置され、内面は押出千仏の銅板が貼りめぐらされている。屋根は錣葺で、飛鳥時代の宮殿の様子を示している貴重な遺構である（西宝蔵）。
　須弥座の四面には絵が描かれている。正面は舎利供養、右側面と左側面は釈迦本生譚の図で、右側が捨身飼虎図、左側が施身聞偈図である。空腹のため自分の子を食べようとする虎に、わが身を食べさせたという捨身飼虎図には、釈迦が着物を脱ぐところ、崖から飛び降りていくところ、虎に食べられているところの三つの釈迦の動きを一場面にまとめている。かつて食堂の四天王などは、この玉虫厨子の周りに置かれていた。
　東宝蔵に安置する伝橘夫人念持仏は、白鳳時代の阿弥陀三尊を厨子に納めてある。蓮池をかたどる台座から生じた3本の茎の上に三尊が載せられている。小さいが美しい白鳳仏である。
　大宝蔵院には、そのほか、飛鳥時代の織物・蜀江錦や、金堂壁画の原寸大写真など、ゆっくり見て行けば尽きるところがない。

---

memo　狐のステージ・石舞台／古くから石舞台、石太屋と呼ばれてきたが、明治の末に喜田貞吉博士が蘇我馬子の桃原墓説を提唱した。
地元には伝説が残り、天井石の上で狐が踊っていたというのもある。その天井石は30数個あり最大のもので77tに及ぶ。

宝山寺（生駒聖天）獅子閣

### 宝山寺（生駒聖天）　地図P44⑧　参照P87

生駒山の中腹に位置する宝山寺は、延宝6年（1678）に宝山湛海律師が開いたもの。古社寺の多い大和路では比較的歴史が新しいが、江戸時代から現在に至るまで、現世利益・諸願成就の「生駒の聖天さん」として広く信仰されている。ちなみに「聖天」は仏法を守護する護法天のひとつで、歓喜自在天・大聖歓喜天のこと。当寺では大聖歓喜自在天と呼ばれて秘仏とされ、毎月16日の縁日のみ聖天堂で公開されている。開山の湛海律師は仏師としても一流で、本尊の不動明王坐像や厨子入五大明王像等の木造仏はいずれも律師の自刻とされ、参詣者を圧倒する力強い迫力に満ちている。

境内には、諸堂伽藍のほか、弘法大師修行地の伝説を残し弥勒菩薩を祀る般若窟、明治時代に迎賓館として建築された珍しい洋風建築「獅子閣」など、見どころも多い。

### 信貴山（朝護孫子寺）　地図P44⑨　参照P84

朝護孫子寺のある信貴山は生駒山地の南端にあたる。寺伝によれば、6世紀の用明天皇の頃、排仏派の物部守屋討伐に向かう聖徳太子が山上で毘沙門天を感得し、勝利を得たことから、この地に毘沙門天を祀り「信貴山」と号するようになったという。現在も当寺の本尊は「信貴山の毘沙門さん」として親しまれており、寺名も信貴山の方が通りがよい。

朝護孫子寺（信貴山）

### 千光寺　地図P44⑩　参照P84

7世紀の天智天皇の頃に修験道の祖・役小角が建立したと伝えられる千光寺は、小角が大峰山を開く以前に修行したところから、元山上とも呼ばれる古刹。生駒市・平群町の境に近い閑静な山内には、役行者像を安置する行者堂をはじめ、本堂、観音堂、などの諸堂がひっそりとたたずんでおり、現在も山中修行の場となっている。

寺宝には、聖徳太子ゆかりの金銅鉢や楠木正成ゆかりの兜など、国宝クラスの貴重なものが多いが、信貴山の名を全国に知らしめているのが、当寺に伝わる国宝「信貴山縁起絵巻」（3巻）。平安末の成立と考えられ、中興の祖・命蓮上人の奇跡や毘沙門天の霊験を説くものだが、物語の展開や筆致・描写に優れ、我が国を代表する絵巻物として高く評価されている。精密な模写が霊宝館に展示されているので、じっくり観賞してみるとよい。

境内の大きな張り子の虎は、寅の年・寅の月・寅の日に毘沙門天が現われたという伝説にちなむもので、虎の縁起物が名物となっている。

memo　山田寺回廊復元／1982年の発掘調査で話題を巻き起こした山田寺の回廊が、寺に近い飛鳥資料館で復元展示されている。発掘から15年の間に連子窓や長押等を調査のうえ、最新技術を駆使して保存処理したもので、一室を充てている。

# 当麻

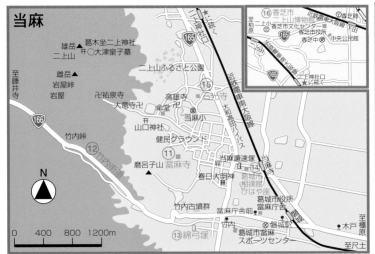

當麻寺　地図P45⑪　参照P84

　二上山は、いまはニジョウザンと呼ばれているが、むかしはフタガミヤマと呼びならわされていたという。北の雄岳がやや高く南の雌岳が低く並ぶ姿は、まるでラクダのこぶのようで、フタガミヤマという柔らかい響きの名前がふさわしい。當麻寺は、この二上山を背にして伽藍を敷く。奈良盆地の西南端、この山並を越えれば河内平野が広がり、このあたり一帯は、日本の古代文化の揺籃の地でもある。

　當麻寺創建の由来は定かではない。推古天皇20年（612）、用明天皇の子麻呂子親王が開いた寺を、その親王の子孫がこの地に移した（天武天皇10年＝681）と伝えられているが確かな記録はない。当麻というところが、早くから当麻氏の一族が支配していた土地であり、難波と飛鳥を結ぶ交通の要衝の地点であったこと、また、役行者の練行の地であったことなど、ここにお寺が開かれる要因として考えられるし、もともとは当麻氏の氏寺であったのかも知れない。

　当麻氏といえば、当麻蹴速のことを記しておかねばならない。當麻寺へと向かう途中、「蹴速塚」という石の五輪塔に出会う。相撲の開祖と伝えられている人の記念碑である。

　かつては壮大な伽藍を誇ったであろうこの寺も、いまは、草創期の姿からはだいぶん変貌している。本来、南向きの伽藍配置だが、南大門はいまは失われ、多くの塔頭が境内に建てられている。そして訪れる人たちは、東大門から入っていくほかない。しかし、三重塔は東と西に草創期の面影そのままに立ち、伽藍域に両塔がこ

竹内街道　地図P45⑫

　大和の飛鳥と難波の河内を結ぶ竹之内街道は、日本で最も古い官道──つまり、日本で最初の国道──というわけである。その記録は、『日本書紀』に残されている。

　当麻の里から南西へ、磐城駅を降りて歩くのもよい。古代道の趣きをたっぷり残した道が続き、峠を越えると、大阪府に入る。そして、河内飛鳥の世界が広がる。

　竹之内街道は、最古の官道にふさわしく、小野妹子の墓や推古天皇陵、用明天皇陵などが街道沿いに点在する。

　聖徳太子にも、もちろん縁の深いところ。太子町という町の名前や、太子学園という学校もある。太子の墓を祀ったお寺まで行けば、もうそこは、近鉄上ノ太子駅の近く。竹之内街道も終わりを告げるのである。

當麻寺東塔・西塔

45

當麻寺

綿弓塚 地図P45⑬
　近鉄磐城駅から竹之内街道を
西へ。バス通りから道標を頼りに
しばらく歩くと「綿弓塚」と呼ばれ
る石碑が立っている。「綿弓や琵
琶になぐさむ竹の奥」など、この
地で詠まれた松尾芭蕉の句にち
なむもので、綿弓とは綿の繊維を
打ちほぐして柔らかくする弓状の
道具のこと。旧街道のすぐそばな
ので、散策の途中に立ち寄ってみ
るといい。

當麻寺金堂

當麻寺本堂（曼荼羅堂）

うして古代の姿のまま残っている寺は、もう當麻寺しかないのである。
　境内はひなびた風景のなかに、のんびりした気分を保ち、そんなに広々とした印象を与えない。東大門から入って左手の、中之坊の背後に東塔が立ち、向かい合うようにして西塔が立つ。往時、南大門があった頃を偲んで、まずこのふたつの塔を見比べるところに立止まってみるのもよい。

　東塔も西塔もそんなに高くはない。どちらも25mを超えない高さである。しかし、がっしりとした構えは天平時代の風格をもって目を奪う。軒の深い、本瓦葺の塔だ。とくに目を引くのは、その相輪である。東塔と西塔とは、相輪のデザインが異なっていて、八つの輪が重ねられた上に載せられた水煙は、東塔の方が魚の骨を思わせる一風変わった形をしている。西塔の方は唐草文様に火焔を配したクラシックなもので、有名な薬師寺東塔の水煙とともにこの時代の代表的なデザインといえよう。建立期は東塔の方が古く、天平初期。西塔は天平晩期と推定されている。

　金堂の建物は鎌倉時代の末に再建された。堂内には、本尊である白鳳期の塑像・弥勒仏坐像を中心に、これも白鳳期といわれる四天王像（3体は日本最古の乾漆造）が四隅に威容を誇っている。

　大きな舟形光背を背負い、肉付の豊かな、どっしりとした本尊は、いかにも唐代の影響を受けた、白鳳末期の像といえよう。

　弥勒仏信仰は5世紀頃の中国でも盛んであったが、それが我が国にも伝えられて、広隆寺などに早い時期の像が残されている。しかし、広隆寺や中宮寺の弥勒菩薩が、優雅な肢体をみせて半跏思惟の姿をとっているのに対して、當麻寺金堂の弥勒像は、結跏扶坐し、右手は施無畏の印、左手は膝の上に掌を上へ向けた与願印の形をとっている。この形は如来の形だが、弥勒菩薩がこういう印を結んでいる例は、中国などには多い。広隆寺などの飛鳥弥勒よりも後の當麻寺の弥勒菩薩が、飛鳥弥勒の伝統を受け継いでいないのは、當麻寺が、百済の僧の指導によって造られたという言伝えと関係があるのかも知れない。そうした異国的な雰囲気は、四天王にいっそう著しい。顎髭を蓄えて、直立不動している。髭を蓄えている四天王も珍しい。

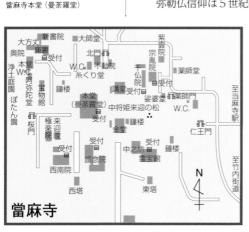

當麻寺

memo　日本最古の石燈籠／當麻寺には金堂と本堂という信仰の中心になる2堂が並存し、ほかのお寺にはない構成だ。金堂の前に立つ八角燈籠は奈良時代前期の作で日本最古といわれる。柔らかい凝灰岩製なので摩耗しているがシルエットは美しい。

天平時代の四天王たちは、激しい動きを見せて、仏教の守護神としての性格を露わにしてくるが、彼らはずっと古風に、黙然と立っている。百済からもたらされたと伝えられているというが、なるほどとうなずかせるのである。

この四天王を見つめていると、法隆寺金堂の四天王（飛鳥末期）の姿が思い浮かんでくる。日本に仏教が入りかけてきた頃の、初期の仏像彫刻のあり方を考えさせる大事な仏像たちである。（ただこの當麻寺の四天王は、後代の補修がはなはだしく、ところどころが木で補われており、とくに東北の隅に立つ多聞天は、鎌倉時代につくり直されたものである。）

講堂も鎌倉時代の建物だが、なかには、藤原時代の仏像がたくさん安置されている。

曼荼羅堂と呼ばれる本堂は、金堂や講堂の西の方にある。お寺では天平時代の建造物としているが、後に多くの手が入っているように思われる。

當麻寺は中将姫の伝説で有名なお寺である。中将姫というのは、天平時代の貴族の娘であったが、自分が恵まれた境遇にある故に人びとを不幸にさせることを知ってこの寺に入った。尼僧となって祈り暮らすうち、お告げがあって蓮の茎を使って曼荼羅を織り上げたという。のち、曼荼羅伝説が當麻寺の信仰の中心となった。

その蓮糸で織られたという曼荼羅は、根本曼荼羅と呼ばれて現在宝庫に納められているが、実際は、蓮糸ではなく絹糸による綴織の曼荼羅である。この天平時代につくられたという根本曼荼羅は、何度か写し直されており、いま、曼荼羅堂に納められているのは、文亀曼荼羅といわれる室町時代のものである。絹本着色、縦・横4m弱もある大きな掛幅である。曼荼羅と呼びならわされているが、図には西方浄土の情況が描かれている。そして、この文亀曼荼羅を手本に、江戸時代にも転写がなされ、それは貞享曼荼羅と名付けられて宝庫にしまわれている。

さて、曼荼羅堂は、天平時代につくられた厨子（文亀曼荼羅を納める）と、それを載せる須弥壇を中央に据える。この須弥壇は鎌倉時代につくられたものだが、螺鈿のちりばめられた美しい須弥壇である。厨子の正面扉は、奈良国立博物館に寄託されている。そして、この須弥壇を巡って、来迎仏（木造）や中将姫29歳像（木造）などが安置されているが、この曼荼羅堂はちょっと変わった構造になっていて、両わきに部屋がある。北の方の部屋は、中将姫織殿の間と名付けられ、そこには藤原時代の迫力のある十一面観音菩薩（木造）が安置されている。また、南側の部屋は、弘法大師参籠の間と呼ばれ、椅子や机が配置され、壁には大師の図が掛かっているのである。

4月14日には、中将姫を偲んで始められた、練供養という行事が行われる。25の菩薩の仮面と装束を着けた人たちが、曼荼羅堂から架けられた橋を渡る。架橋は「娑婆堂」（人間の世俗の世界を象徴）につながっており、菩薩たちはそこに居る中将姫を迎えて曼荼羅堂（浄土）へ帰っていく。この日、厨子の裏側が公開される。それは、裏板曼荼羅と呼ばれ、かつて古曼荼羅が貼りつけてあった板で、剥がされたあとに仏や菩薩の像が残る。

當麻寺

**葛城市相撲館けはや座**
地図P45⑭　参照P83

現在の大相撲の原型は、奈良・平安の時代から宮中で相撲の節会として行われていたもの。諸国から相撲人を召し出してのトーナメント形式で、伝承によれば垂仁天皇の頃に大和国當麻の當麻蹶速と出雲の野見宿禰が天皇の面前で力比べを行ったことに始まるという。結果は蹶速が腰を蹴り折られて敗れたとされ、相撲が「争う」に由来するというのもうなずける。本場所同様に土俵や枡席が設けられた「けはや座」には、江戸時代から現代にいたる番付表や化粧まわしなど、相撲に関するさまざまな資料が展示されており、相撲の歴史を紹介した映像展示がある。

施設に隣接する石造の五輪塔は當麻蹶速塚と呼ばれ、参拝する相撲ファンも多い。

葛城市相撲館

當麻蹶速塚

---

**memo**　**相撲発祥の地**／相撲の祖とされる當麻蹶速と野見宿禰ゆかりの地がそれぞれ県内にある。ここ當麻町と桜井市だ。當麻には立派な五輪塔（當麻蹶速塚）が立ち、鎌倉時代作と推定。1990年には塚の隣に相撲の博物館が出来て人気を集めている。

## 石光寺　地図 P45 ⑮　参照 P84

　4月の中旬頃、當麻寺では牡丹の花が美しく咲く。牡丹といえば、当麻寺の近くにある石光寺も忘れることができない。晩春に咲く牡丹もそうだが、このお寺では寒牡丹を咲かせる。寒空に、藁で組まれた屋根におおわれて深紅の牡丹がひとつひとつと咲き競うのである。

　石光寺は、かつて中将姫が蓮糸を五色に染めたという「染井」という名の井戸があることでも知られ、この寺の別名・染寺はここから由来した。また南門の前には白鳳時代の塔心礎が残っている。三段に掘り深められた穴に、心柱を入れる孔、舎利容器をはめこむ孔などを推測することのできる、実に立派な心礎である。

石光寺と境内の牡丹

## 香芝市二上山博物館　地図 P45 ⑯　参照 P83

　奈良県の當麻町と大阪府太子町の境に、ラクダのこぶのようなななだらかな姿を見せる二上山は、雄岳・雌岳の二つの峰の総称。『万葉集』にも歌われ、古くから大和の人々に知られた信仰の山で、奈良盆地から眺める夕景は、一幅の絵のように美しい。現在では山すそに「道の駅」や二上山ふるさと公園などもあり、ハイキングコースも整備されて家族連れやハイカーにも親しまれている。山頂からは奈良盆地を一望する雄大な眺望が楽しめるが、当麻の里から片道1時間は見ておいた方が無難だろう。

　この二上山の山腹は石切場として古代から知られており、産出する安山岩の一種サヌカイト（讃岐岩）は、いわゆる石器として広く利用されてきた。香芝市のふたかみ文化センター内にある二上山博物館では、二上山産の石材を中心に、石鏃、石斧などに代表される石器文化を幅広く紹介している。近鉄二上山駅からも15分ほどで歩けるので、石器に興味のある人は足を延ばしてみるといい。

ふたかみ文化センター（上）と二上山博物館の
館内展示
「これがサヌカイトだ」（写真提供：同館）

二上山

**memo** 　日本最古の石仏／ 1991年、当麻の石光寺で出土した弥勒仏坐像は、白鳳期（7世紀末）の石仏で日本最古と推定されている。「石仏が出土」とは奇妙だが、境内の発掘調査の際、文字通り土中から出てきた。二上山の凝灰岩を丸彫り、重さ800kgと推定。

# 奈良東部

奈良盆地の東に広がるなだらかな笠置山地の西麓一帯は、やがて誕生する統一国家としての大和朝廷に先立ち、古墳文化の花開いた、いわば大和揺籃の地です。山裾に点在する古墳や御陵を縫うように南北に続く山の辺の道は、歴史書に記された日本最古の道であり、往時は現在の奈良市から桜井市に至る幹線道路でした。その正確な道筋は今では失われてしまい、一般にはJRの万葉まほろば（桜井）線に沿って、北は天理から巻向、三輪を経て桜井に至る山側を「山の辺の道」と呼んでいます。古墳のほか由緒ゆかしい神社や寺院の多いところで、ハイキングやサイクリングのコースとしても親しまれており、山裾ののどかな田園風景に緑の墳丘が違和感なく溶け込み、のんびり散策を楽しむには最適の歴史の道です。

桜井から安倍文殊院を経て南へ下れば、県下屈指の紅葉の名所・談山神社で知られた多武峯。近鉄大阪線沿いに東へ向かえば、西国三十三ヵ所の札所としても名高い牡丹の名所・長谷寺、女人高野・室生寺と大和路の風情が満喫できます。

6時間コース
▼モデルコース①山の辺の道

JR・近鉄天理駅
↓徒歩約30分
石上神宮（52頁・所要30分）
↓徒歩約45分
夜都岐神社
↓徒歩約20分
波多子古墳
↓徒歩約10分
念仏寺
↓徒歩約15分
長岳寺（52頁・所要30分）
↓徒歩約5分
崇神天皇陵
↓徒歩約5分
景行天皇陵
↓徒歩約10分
桧原神社
↓徒歩約20分
大神神社（53頁）
↓徒歩約10分
金屋の石仏（54頁）
↓徒歩約5分
海石榴市観音堂（54頁）
↓徒歩約15分
JR・近鉄桜井駅

2時間コース
▼モデルコース②長谷

近鉄長谷寺駅
↓徒歩約10分
長谷寺門前町
↓徒歩約10分
長谷寺（56頁・所要60分）
↓徒歩約20分
近鉄長谷寺駅

※起点の天理駅周辺ではレンタサイクルの利用もよいが、それ以外は起伏があるので徒歩の方がよい。コース全てを歩くと、行程約15キロで、ほとんど一日がかりになる。JR万葉まほろば（桜井）線やバス路線がコースに並行しているので、時間に余裕がなければ、目的地を幾つか決めておいて交通機関を併用する。古墳などが多いのは天理から巻向にかけて。巻向から三輪・桜井にかけては三輪山や大神神社をはじめ神社や仏閣が数多くある。

※高台にある近鉄電車の駅から門前町までは下り坂と石段がある。坂道沿いは春には桜と石段がきれい。初瀬川を渡ると、境内までは古い家並みの参道が続く。寺宝が公開されるのは春の牡丹祭（4月中旬～5月上旬）、秋のもみじ祭（10月下旬～12月上旬）だけなので、寺宝の拝観を希望する場合はこの時期に訪れるしかない。オフシーズンの方が人が少なく風情は味わえる。

# 山の辺の道①

# 山の辺の道②

**memo** **三角縁神獣鏡、大量に**／1998年、山の辺の道、行燈山古墳（崇神陵）の西の黒塚古墳から大量に三角縁神獣鏡が出土して話題となった。その数、33面。一ヵ所から出土したこの種の鏡としては最大の数であろう。なおこの古墳は中世に柳本城の一角に使用されていた。

## 山の辺の道

　奈良盆地を取り囲む山々の、東側の山麓を縫うように古代の道があった。『日本書紀』の武烈天皇の条にも記されている道である。武烈期といえば6世紀にさしかかるあたりだ。つまり、山の辺の道は、歴史に記された日本最古の道である。古代の人々は、この道路を踏みしめて、大和を往還したことであろう。7世紀に入ると、上ツ道、中ツ道、下ツ道、という官道がつくられ、この山の辺の道もおいおい、人々が往来する機会が少なくなっていったのかも知れない。現在では、正確な道はもう残っていない。しかし、その跡を慕ってハイキングコースがつくられ、東海自然歩道の一部となっている。

　それは、北は新薬師寺・白毫寺あたりからたどれるともいわれるが、一般的なコースは、天理市・石上神宮から始まり、南へ下って大神神社を過ぎ海石榴市のあたりまで、約15kmの行程である。道沿いに、古代を偲ばせるお寺や神社、古墳群が次々と現われてくる。

## なら歴史芸術文化村

地図 P50 ①　参照 P86

　令和4年（2022）3月に奈良の歴史・芸術・食と農という文化を、イベントや体験など多様なスタイルで体感できる複合文化施設としてオープン。

　施設内には日本で初めてとなる文化財4分野（仏像等彫刻、絵画・書跡等、歴史的建造物、考古遺物）の修復工房を見学できる「文化財修復・展示棟」がある。ガラス越しに修理技術者の実際の作業が見学できるだけでなく、パネルと映像で修理の工程や技術をわかりやすく解説し、学芸員の案内のもと、修復工房見学ツアーを通年実施するなど対話を大切にした取組を行っている。

　他にもアーティストとの交流や子どもを対象としたアートプログラムを実施する「芸術文化体験棟」、農産物の直売所やレストランを併設した「交流にぎわい棟」、奈良県全域の歴史文化資源や観光などの情報を発信する「情報発信棟」があり、奈良の地域のにぎわいづくりの拠点となっている。

## 天理大学附属天理参考館　地図 P50 ②　参照 P85

　天理教は江戸末期天保9年（1838）に開かれた神道のひとつだが、この地を本拠にして、一都市を形成するに至った。市中には、教会本部や全国から集う信者詰所の数多くの建物の他、天理大学や附属図書館（日本の古文書類をはじめ世界的に貴重な文献を数多く集めている）、天理参考館などがある。

　天理参考館は世界各地の生活文化資料・考古美術資料を収集・研究・展示する博物館であり、展示公開されているものの多くは、世界各国から収集された民族資料と、日本・オリエント・中国を中心とする考古美術資料である。特に民族資料にはミイラ型彩画木棺（写真）をはじめ、他に見られない珍しいものが多い。特別展・企画展・講演会・ワークショップなども定期的に開催している。

ミイラ型彩画木棺
（天理大学附属天理参考館蔵）

memo　**主のいない古墳**／行燈山古墳と黒塚古墳の間にある天神山古墳は全長113mの前方後円墳だ。1960年の県道（現国道169号）拡幅工事に先立って発掘調査が行われたが、それによると埋葬者はなく鏡や朱が出土しただけ。行燈山古墳の陪塚と見られる。

石上神宮拝殿（国宝）

## 石上神宮　地図 P50 ③　参照 P82

　崇神天皇の頃に祠が建てられたというから、西暦に換算することはむずかしい。神武東征のとき、熊野にいた邪神を征伐した、その剣が神剣となって祀られたのが始まりと伝える。

　明治7年（1874）に本殿が建てられるまで本殿はなかった。神奈備山の一部を禁制地とし、垣で囲んで「高庭」と呼んでいただけである。垣の中に石窟がつくられ、神体や神宝を納め、その上に杉の木が植えられていた。最近発掘され、銅鏡や勾玉なども出土している。

### 山の辺の古墳群　地図 P50 ⑤

　長岳寺の南方には崇神天皇陵がある。高い土堤に囲まれた周囲の堀には満々と水をたたえる、大きな前方後円墳である。全長は240m、緑が水に映えて美しい。

　景行天皇陵も300mに及ぶ大きな前方後円墳で、周辺には幾つもの古墳（陪塚）がある。崇神天皇陵の少し山手にある櫛山古墳は、双方中円墳という珍しい形をしている。すでに周辺が崩壊しているが、かえって古墳の面影が伝わる。

　箸墓というのも見逃すことができない古墳である。箸墓の話は『日本書紀』にも見える。倭迹迹日百襲姫命の墓で、彼女は箸で陰部を突いて死んだというところから箸墓の名が残された。墓の構築には二上山から運ばれた石材が使われたという。全長280m、高さは後円部が22m、前方部が12m、また後円部の直径が157mと、これも立派な古墳である。

　この付近には他にも、大和古墳群、龍王山古墳群、柳本古墳群、箸中古墳群、桜井茶臼山古墳群などがあり、葬られている

　神宝中とりわけ重要なのは、「七支刀」で、全長約75cmの鉄製の剣の刀身左右に三つずつ枝刀が出ている。そして刀身の表裏に60余字の銘文が象嵌されているのである。その銘文を解読すると、泰和4年（369）、倭王のために百済でつくるという意味になる。これは『日本書紀』に記された、神功52年百済より献上された七支刀というのとほぼ一致する。文献と遺品が一致しえた稀有な例である（年代間の見直しはともかく）。

　石上神宮の建物のなかでは、出雲建雄神社の拝殿がよい。檜皮葺、切妻造、保延3年（1137）の建立という。

### 長岳寺　地図 P50 ④　参照 P85

　山門近くに「根上りの松」がある。盛り上った根の下の方に小さな石仏が1基あり、これも山の辺の道の名物のひとつといえよう。この付近には、鎌倉から室町期にかけての石仏・石塔が多数残されている。

　長岳寺は、天長元年（824）空海が開いたと伝えられるが、かつての盛大さは今はない。しかし、鐘撞堂と楼門を兼ね備えた鐘楼門（重層柿葺、平安時代）は、当時の面影を伝える。その他の建物は、桃山から江戸期にかけての再建である。

　また本堂に安置される阿弥陀如来と脇侍2躯（観音・勢至両菩薩半跏像）は、藤原時代末期の仁平元年（1151）につくられたという銘をもつ。藤原期から鎌倉へかけての過渡的な姿を見せる、木造漆箔の、力のこもった仏像である。張りのある頬に玉眼の瞳が涼しげである。玉眼を使った最も古い作

**memo**　**最古の前方後円墳／**ＪＲ巻向駅周辺は古墳の密集地だが、その中の纒向石塚古墳は最古の前方後円墳といわれている。1996年12月、桜井市教育委員会は、3世紀後半に築造されたものと発表した。全長はおよそ96ｍ。

例でもある。

　長岳寺の西方、バス通りをはさんで少し離れたところに、五智堂という宝形造の建物がある。中心に柱を立てた堂で、まめん堂、傘堂とも呼ばれる。鎌倉時代の建立。

## 三輪山と大神神社　地図 P50 ⑥　参照 P82

　大神神社は、日本の神社のなかでも最も古い起源をもつ神社のひとつである。神殿はなく、神社の背後にある三輪山そのものが御神体なのである。だから、この三輪山は最近まで入山禁止になっていたし、今でも、奥の方は入ることはできない。

　三輪山を神体とする信仰も、きわめて古いもので、当初は大和の一地方に信仰されていた神であったのだろうが、大和朝廷の勢力拡大とともに、三輪山信仰もその圏域を広げていき、『古事記』や『日本書紀』にもさかんに記載されている。山頂近くには磐座という神霊の宿る石組があり、それは、奥津磐座、中津磐座・辺津磐座の３段から成る。周辺には巨石が点在し、古代信仰の雰囲気を醸しだす。この山からは、数多くの土器や祭器が出土している。

　大神神社自体は素朴な神社である。鳥居があって、厚い樹林に囲われた参道が続く。拝殿の奥は御神体の三輪山なのである。山自体が神体であるというのは、いかにも、古い信仰形態をよく残しているといえよう。前述の石上神宮も、もとは神殿をもたなかった。これらのことは、古代の日本の信仰が＜自然＞を素朴に拝むところから始まったことを教えてくれているようである。

　酒の神でもある三輪の神は、＜自然＞が神体であることにふさわしいようにも思える。古く、酒は人の心を浄め、神の姿を清らかにするための聖水でもあった。ここにも素朴な信仰の姿が見える。大神神社はいまも人々の信心に深く支えられている。

## 桜井市埋蔵文化財センター

地図 P50 ⑦　参照 P84

　山の辺の道の一角を占める桜井市は、県内屈指の万葉史跡と埋蔵文化財の宝庫。同センターには市内から出土した、旧石器時代から奈良時代に至る埋蔵文化財の数々が展示されており、大福遺跡出土銅鐸、纒向遺跡出土の鶏形埴輪や家形埴輪など、考古学上貴重なものが多い。大神神社の大鳥居や三輪山を望むロケーションも魅力のひとつ。

大福遺跡出土銅鐸（桜井市埋蔵文化財センター蔵）

人の伝承はすでに失われてしまっているものも多いが、これらの古墳群を訪ね歩けば実に切りがない。

　大和の古墳群としては、佐保路の盾列古墳群や、当麻付近の馬見古墳群も忘れてはならないだろう。

　なお、箸墓の東方、弓月ヶ岳とも呼ばれ、『万葉集』に歌われた巻向山があり、当麻蹶速と相撲を争って勝った野見宿禰を祀る祠（相撲発祥の地）のある穴師坐兵主神社がその西の麓に鎮まっている。

### 邪馬台国畿内説

　３世紀ごろの日本にあったとされる国・邪馬台国。魏志倭人伝にあらわれ、女王卑弥呼により治められたとされる。

　何処にあったのか、その後の大和政権とはどのような関係だったのか、そもそも正確にはどのように読むのか。詳しいことは今もって定かではないが、古代へのロマンを感じさせる名称ではある。

　魏志倭人伝には、邪馬台国の大体の位置が示されている。「郡（朝鮮の界ヵ）より倭に至るには、海岸に随ひて水行し……」と続くが、表記そのままに行くと全く関係の無い海上に行くことになる。

　「距離」を重視する大和説と表記の「方位」を重視する九州説がある。これ以外に幾つか説はあるが、概ねこの２大説となっている。

　大和説（畿内説）をとるならば、３世紀の日本には近畿から九州北部におよぶ広域の政治連合が成立しており、のちの大和政権との繋がりも濃厚なものとなるだろう。一方の九州説ならば、邪馬台国連合は九州北部を中心とする比較的小範囲のもので、大和政権とは別のもの、あるいは邪馬台国が東遷したものとなる。

　邪馬台国の所在地論争の歴史は古く、新井白石や本居宣長も自説を遺している。魏志倭人伝の解釈は様々な推論を含み、近年は特に考古学の発掘調査・研究が進められている。2009年、纒向遺跡（奈良県桜井市）で大型建造物跡が発見されるなど、世情を沸かせてはいたが、卑弥呼が中国・魏から授かった「金印」の出土こそが論争の決定打となるだろうし、またロマンと言えるだろう。

memo　**人と神が作業分担**／三輪山西麓に横たわる巨大な箸墓にはいろんな伝説がある。『日本書紀』によると日中は人が、夜は神が築造に携り、大坂山（香芝市穴虫峠付近）からここまでリレー式に石を運んだという。邪馬台国卑弥呼の墓ともいわれる。

**橿原昆虫館**
地図P54⑪　参照P83

　パネルや標本・映像などを楽しめる標本展示室、生息している環境や自然を再現した生態展示室、500〜800匹の沖縄八重山地方の蝶が飛び交う放蝶温室、新館（研究棟）の特別生態展示室などがある。

**阿倍仲麻呂**〔698〜770〕

　奈良時代の遣唐留学生。養老1年（717）に吉備真備らとともに入唐。太学に学び科挙に合格、玄宗皇帝に仕え高官となる。晁衡（朝衡）と中国名を名乗り、李白や王維ら詩人とも交際しており、彼らに贈られた詩が伝えられている。

　天平勝宝5年（753）帰国しようとするが、失敗して安南（現在のベトナム）に漂着、長安に戻ることとなり、生涯日本に帰ることはなかった。その後、鎮南都護・安南節度使などを歴任し、没後は潞州大都督を贈られている。享年73、在唐54年。

## 喜多美術館　地図P50⑧　参照P83

　金屋石仏に面した喜多美術館では、日本と西洋の近代美術の名品が収集展示されている。コレクションの中心は海外作家ではルノワール、ゴッホ、ピカソ、ウォーホル、国内では藤田嗣治、須田国太郎、佐伯祐三など。

　新進作家や現代美術の企画展も随時開催しており、別館ではボイス（写真）やデュシャンの作品が常設でじっくり鑑賞できる。

ヨーゼフ・ボイス「Pala」
（喜多美術館蔵）

## 金屋の石仏・海石榴市　地図P50⑨　参照P83

　金屋の石仏まで来ると、山の辺の道ももう終わりに近い。高さ2.2m、幅80cm、厚さ21cmの2枚の粘板岩に彫られた、弥勒菩薩と釈迦如来の立像（陰刻）は、鎌倉時代のものとも貞観時代のものともいわれている。以前はお堂の中に安置されていたこの石仏は、今はお堂の隣にある収蔵庫に移されている。

海石榴市観音堂

　海石榴市も『万葉集』によく歌われている地名のひとつだ。飛鳥地方への入口として、繁華街のような雰囲気を形成していたのだろう。市というのは単なる品物が売買されるところではなく、人々が賑わい交流する場なのであった。また、海石榴市は歌垣という歌舞を通して、恋が結ばれる場所でもあった。いまはさびれて、海石榴市観音にその名を留めるだけである。

## 安倍文殊院　地図P54⑩　参照P82

　このあたり、安倍仲麻呂を生んだ豪族安倍氏の地であったところ。むかしは安倍氏の氏寺である安倍寺があった。それはいま史跡となって発掘跡が公園になっており、現在の文殊院は鎌倉時代に入ってつくられた

安倍文殊院　金閣浮御堂

**memo**　**酒造りの神**／大神神社は酒や薬の神様として知られ、酒造家の軒先に吊される大きな杉玉を授与している。また境内にある活日神社は酒造りの中心となる杜氏さんの信仰を集め、11月14日の酒祭りには全国から杜氏がお参りに訪れる。

ものである。文殊院の名の通り、本堂には国宝の**文殊菩薩**が安置されている。獅子に乗る文殊（木造・玉眼、文殊の大きさ2m、光背から台座での総高7m）を中心に、獅子の手綱を取る優填王が向かって右に、そのかたわらには善財童子、左側に須菩提と維摩居士が置かれ、渡海文殊の形式がとられている。すべて鎌倉時代の作で、快慶の作だと伝えられる。善財童子は、いかにも幼い姿で掌を合わせ顔を振り向けた、可愛い像である。

　境内や周辺には古墳も多く、とくに安倍寺の創建者である安倍倉梯麻呂の墓と伝わる西古墳は、羨道の幅が2.3m長さが8mあり、玄室の広さは5.1×2.8m、その高さは2.9mある。天井には大きな1枚の花崗岩を用い、その天井の中央にはアーチ状の凹みをつけている。また周囲の壁に積み上げた切石の細工もていねいで、ひとつの切石の真ん中に縦線を入れて2枚に見せているものが3ヵ所もあり、古墳技術の粋を見せてくれる。

# 聖林寺

地図P54⑫　参照P84

　**十一面観音菩薩**で有名な寺である。明治初期の神仏分離令によって大神神社の神宮寺（大御輪寺）にあったものがこの寺に移され、安置されたのだという。

　天平時代の最高傑作として、和辻哲郎の『古寺巡礼』などにも賞讃されてきた。乾漆像で、高さ2.1m。左手に水瓶を持ち、垂れた右手の指先がしなやかに反り上っている。顔だちも豊かで、落ち着きがあり、身体全体もよく均整がとれている。ギリシャの彫刻と比肩しうる美しい彫像だというのである。乾漆造であるから衣文の襞の動きも流麗である。なお、寺の門前からは大和王権の中心地、古代大和と卑弥呼の墓ともいわれる箸墓などの古墳や、三輪山を一望のもとにできる。本尊は丈六の石仏、子授け地蔵である。11月には曼荼羅など各種の寺宝類が展観される。

十一面観音菩薩立像（聖林寺）

# 談山神社

地図P54⑬　参照P84

　多武峯の山中に立つ神社。昔、中臣鎌足と中大兄皇子がここで大化改新の計画を練ったとか、蘇我入鹿を攻める謀議を語ったところと伝えられ、「談山」からこの名が生まれた。神仏分離令によって多武峯寺が廃されることになるが、それまで比叡山の末寺であったので、しばしば興福寺の僧兵たちと戦いを交えた。そのため、社の建て方が城郭風になっている。木造の**十三重塔**は天武9年（680）創建、享禄5年（1532）にも修理が施されたというが、十三重塔で木造なのは、この塔だけであろう。気品のある美しい塔である。

　聖徳太子の死後、蘇我氏の実権は馬子から蝦夷、さらにはその子入鹿に移っていった。

　馬子は物部守屋をほろぼして政権を独占し、蝦夷は舒明天皇の即位に強力な影響を与え、入鹿は有力な皇位継承者であり聖徳太子の子とされる山背大兄王を自殺に追い込むなど、蘇我氏の勢力は天皇家をしのぐほどのものとなっていった。

　一方中国では、隋が滅び唐が興った。唐は律令制にもとづく中央集権的な国家体制の充実をはかり、その影響で朝鮮半島の高句麗・百済・新羅でも中央集権化をめざす風潮が生まれた。日本においても、唐から帰国した留学生や学問僧によって東アジアの動きが伝えられると、皇族や中央の豪族たちは唐にならった官僚的な中央集権国家を目指す動きが高まる。

　こうした流れの中起こったのが、中大兄皇子（天智天皇）・中臣鎌足（藤原鎌足）らによる蘇我氏本宗家の討滅（乙巳の変）、これに続く政治改革である「大化の改新」である。

　改革は、大化1年（645）から始まり7世紀末にかけて行われ、唐を模範とした律令による中央集権国家の体制がしだいに形成されていった。

談山神社十三重塔

memo　人の集うところに恋芽生える／「山の辺の道」の南端にある海石榴市あたりは記紀の時代、交通の要衝で人が集まった。そういった場所では男と女の出会う歌垣が催され、『万葉集』にも残っている。平安時代は初瀬・伊勢参りの宿場町として栄えた。

55

能満院

## 長谷寺　地図 P56 ⑭　参照 P86

初瀬山の中腹に大きな伽藍をくりひろげる長谷寺は、古代から人々の心をとらえてきた寺である。境内のあちこちに咲き競う春の牡丹や桜、伽藍を朱に映しだす秋の紅葉も昔から名高く、「花の寺」とも呼びならわされてきた。

長い回廊は、仁王門から2度折れて本堂まで続いているが、その石段の数は400段もあるという。天井には吊燈籠が吊り下げられており、回廊の側柱と石段と天井が織りなす建築美も、さすがにこの回廊ならではと感じ入らせる。

上りつめたところに、荘大な建物の**本堂**がある。裳階のついた入母屋造、本瓦葺で礼堂につながっている。慶安3年（1650）の再建である。慶安といえば江戸初期だが、建物には桃山時代のスケールの大きい力感が充実している。京都の清水寺と同じように舞台が崖の上にせり出していて、眺めも実にすばらしい。この舞台の欄干の擬宝珠に「慶安3年」の銘が見える。

本堂に掛けられた「大悲閣」という扁額の書体も雄壮だが、この堂内に安置されている**十一面観世音菩薩立像**は、10mの高さに及ぶ大きな木像である。左手に蓮の花の入った水瓶を持ち、右手は数珠を掛けて錫杖を持つ。これは観音と地蔵の両菩薩の持物を合わせもった形で、長谷寺十一面観音独特の姿である。

本堂から少し離れたところにある能満院という

## 長谷寺周辺

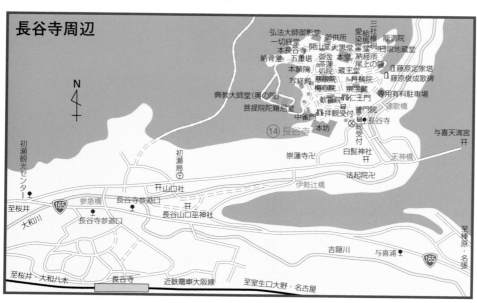

弘法大師御影堂
一切経堂　御供所　愛染堂　三社　能満院
本長谷寺　開山堂　大黒堂　堂　権現　日限地蔵堂
納骨堂　五重塔　御金　本堂　納経所
　　　本願院　如来　蔵王堂　尾上の鐘　　藤原定家塔
写経院　慈眼院　　　月輪院　　　　藤原俊成歌碑
　　　梅心院　宗宝蔵
興教大師堂（奥の院）　　歓喜院　仁王門　専用有料駐車場
菩提院陀羅尼堂　　中雀門　　拝観受付　　普門院　　連歌橋
　　　　　　　　　　総受付　　⑭ 長谷寺
　　　　　　　　　　　受付　　　本坊
初瀬観光センター　　　崇蓮寺卍　白髭神社　　天神橋　与喜天満宮
至桜井　　　　　初瀬局〒　　　　法起院卍
　　　　山口社　　伊勢辻橋
至桜井　参急橋　長谷寺参道口
大和川　長谷寺参道口　長谷山口坐神社
　　　　　　　　　吉隠川　与喜浦
至桜井・大和八木　長谷寺　近鉄電車大阪線　至室生口大野・名古屋　至榛原・名張

165

N

memo　**紀貫之の梅**／三十六歌仙の一人であり、『土佐日記』の著者としても有名な紀貫之ゆかりの梅が長谷寺に植わっている。『古今集』に収録された「人はいさ心も知らず……」に詠み込まれた木で本堂にたどり着くすぐ手前にある。

十一面観世音菩薩立像（長谷寺）

銅板法華説相図（長谷寺蔵）

塔頭には、日限地蔵（室町時代）というお地蔵さんが祀られている。日を限って祈願すると、願いがかなえられるという。

　長谷寺の宝物は、仁王門近くの宗宝蔵に数多く納められている。室町時代につくられた「長谷寺縁起絵巻」（非公開）や、鎌倉時代の「金銅十一面観音菩薩」、また藤原期の木彫仏などもあるが、とくに重要なのは銅板でつくられた「**法華説相図**」である。

　長谷寺の創建については、あまり確かな記録は残っていないのだが、飛鳥にあった川原寺の僧道明が、この初瀬山の西の岡に千仏多宝塔銅板を安置したのが始まりとも伝えられている。その説を裏付ける銘文がこの銅板説相図にみえる。縦83.3cm、横74.2cm、厚さ約2cmの銅板に、釈迦が法華経を説いたときに現われたという多宝塔を中央に配して、上の方には小さな千体仏がぎっしりと、下辺には仁王や仏・菩薩のレリーフが貼りつけられている。319文字銘文には、僧道明が飛鳥浄御原天皇のために、戌年の7月にこの銅板を作って長谷寺に納めたとある。この戌年がいつの年に当たるのか議論の別れるところだが、レリーフの像は白鳳時代の雰囲気を漂わせている。

磨崖仏（大野寺）

**大野寺**　地図P58　参照P82

　古くから室生寺の末寺として「室生寺の西の大門」とよばれてきた。そこには、奈良や京都では珍しい磨崖仏がある。鎌倉時代に後鳥羽上皇の勅願で造立され、総高13.8mもある。礼拝所という祠を通して川向こうの磨崖仏を拝む。山壁を削って刻まれた像はもうろうとしているが、鎌倉末期の名作である。本堂の重文の**地蔵菩薩立像**は「身代わり半焼け地蔵」と呼ばれ、無実の娘を火あぶりの刑から救ったという伝説が残っている。境内の樹齢200年ともいわれる枝ぶりも見事な枝垂桜が咲き乱れる春はおすすめ。
※コイトシダレザクラが名高い。

**室生寺**　地図P58 ⑮　参照P87

　「女人高野」の名で知られる室生寺は、山奥深く、室生川の川岸に建てられている。険しい山地を利用して建てられ、密教のお寺らしい気風のある伽藍である。

　室生寺の初期の歴史ははっきりしない。一説によると、天武天皇の勅願によって役行者が開いたといい、また興福寺のある僧が天平期に建立し

memo　**国立の石仏？**／像高11mもある大野寺弥勒磨崖仏は、国立といっていい事業として完成した。鎌倉初期の1207（承元元）年に宋の工人・宗慶が彫り始め、2年後の発眼会にははるばる京都から後鳥羽上皇がやってきて祝った。

57

室生寺周辺　N

御影堂
常灯堂　奥の院
五重塔
無明橋　本堂(灌頂堂)
金堂
弥勒堂　よりい坂
⑮　宝物殿　鎧坂
室生寺　護摩堂
本坊　太鼓橋
至竜穴神社
交番
至国道165・大野寺方面
室生寺
下の橋

室生寺五重塔

弥勒菩薩立像(室生寺弥勒堂)

釈迦如来立像(室生寺金堂)

たともいわれている。いずれにせよ、天平末期にはすでに建てられていたらしく、五重塔はその頃の遺構だと伝えられている。

そして、のちに平安時代に入って、空海に委ねられたこの寺は、密教道場として再興し、高野山が女人禁制の道場であったのに対し、女人たちの救いも受け入れる道場として開かれ、「女人高野」の名で親しまれてきた。

その役割にふさわしく、初期密教の宝物に満ちた寺院である。

山崖の険しい傾斜地に数多くの石段が組まれ、石段の網目に伽藍が配置されている。鎧坂と呼ばれる石段もあって、この寺の趣きを象徴している。そして、その鎧坂あたりには、春たけなわともなると石楠花が咲き乱れるのである。

室生川を渡す太鼓橋を越え、仁王門をくぐると、ばん字池があり、すぐに鎧坂である。そこを上ると**金堂**(平安初期)と**弥勒堂**(鎌倉期)の立つ台地に至る。弥勒堂には平安初期の檀像・弥勒菩薩立像が安置されている。弥勒菩薩は右手を垂らし、左手に蓮の花をもって佇立している。表情は素朴で愛らしい。

金堂は、単層寄棟造柿葺の建物。礼堂は江戸時代に付け加えられたというが、石垣の上に張り出すようにして、屋根の曲線をよく受け止めている。この金堂の内部には、多くの平安初期の仏像が安置されている。本尊の釈迦如来立像も堂々としており、両側立つ薬師如来・文殊菩薩の素朴さも目をとらえて放さない。

**五重塔**は、さらに石段を上りつめた奥にある。戸外に立つ五重塔としては最も小さい(16.7m)塔だが、高い杉木立の中に囲まれて隠れるように立っている。細い組木を使った華奢な美しい塔である。水煙のない相輪もおもしろい。**奥の院**は、さらに険しい石段を上ったところに立つ。

令和2年(2020)に**宝物殿**がオープン。金堂に安置されていた**十一面観音菩薩立像**や弥勒堂の**釈迦如来坐像**、十二神将立像など、平安・鎌倉時代の仏像がずらりと並び、間近にその美しい造形を見学できる。

memo　**室生寺由来の謎**／室生寺の開基が誰であるかは異説が多い。興福寺僧・賢憬、役行者、弘法大師などが祖の候補。中国から帰国の船中で、大師が独鈷(法具)を投げたところ、それが落ちた室生の地に寺を建立したのが室生寺の始まりとする言い伝えもある。

# 奈良南部

奈良の県域は南北に細長く、京都や大阪に隣接する北部の奈良盆地から、南は紀伊半島、紀伊山地の中央部を占めています。日本一の多雨地帯・大台ヶ原に代表される吉野熊野国立公園、高野山に山並を連ねる高野竜神国定公園など、恵まれた自然が魅力ですが、移動の便には車が必要。

ここでは、奈良盆地の南部、古代史のふるさと飛鳥の里から、南朝の地・吉野に至る、鉄道路線沿いを中心に紹介しています。

橿原市北部の今井町は、江戸時代の寺内町の姿を今に伝える町並が魅力。

耳成山、畝傍山、香久山に囲まれた藤原京は、平城京遷都に先立ち条坊制による都が築かれたところ。宮跡から眺める大和三山の山容に古代のロマンが偲ばれます。香久山の南、甘樫丘の周囲には高松塚や石舞台などの有名古墳や陵墓とともに、古社寺や石造遺物が点在し、地形もなだらかでサイクリングや散策向き。

※起点・終点とも駅近くにレンタサイクルがある。モデルコースのポイントの多くは小高い丘や高台にあるが、周辺に見どころも多く、特に目標がなければ平坦地を選んでサイクリングを楽しむのもいい。

## 今井町　地図 P60 ①　参照 P82・83

　中世の末には本願寺（一向宗）系寺院を中心に、外壁や門、堀などの防衛機能を備えた寺内町が発達した。今井町も称念寺の寺内町から発達したもので、江戸時代の初期には、東西600m、南北310m、周囲には環濠土居が築かれた。やがて今井町は大和屈指の商業都市となる。

　今井町の多くの民家は江戸時代以来の伝統様式を保ち、現在でもかつての町並みをよく残す。周囲を散策していると、自然と歴史の重みが感じられる。

　**今西家住宅**をはじめとする建造物9件が重文であるほか、県や市指定の文化財も多い。旧米谷家住宅のように一般開放されている建造物もあるが、個人の住まいが多く、なかには**河合家住宅**のように酒造業を営む所もある。見学には十分に配慮したい。

**久米寺**　地図 P60④　参照 P75
　久米仙人の伝説が有名な寺で、つつじ・紫陽花の名所。金堂、観音堂、多宝塔などが木立に包まれて古寺らしい雰囲気を醸し出している。本尊薬師如来は中風等に霊験あらたか。

館内の常設展示「大型円筒埴輪」
（橿原考古学研究所附属博物館）

## 橿原神宮　地図 P60 ②　参照 P83

　明治23年（1890）に創建された神社で、初代天皇とされる神武天皇を祀る。一帯は神武天皇の宮（畝傍橿原宮）があった場所とされ、橿原公苑として整備されている。

　公苑の付近には多数の陵墓があり、北側には神武天皇御陵もある。また奈良県立橿原考古学研究所及び付属博物館やは陸上競技場と野球場が隣接している。

　橿原神宮の本殿・神楽殿は、京都御所からの移築である。

## 奈良県立橿原考古学研究所附属博物館　地図 P60 ③　参照 P83

　橿原考古学研究所の発掘成果を中心に、考古学の基礎知識を幅広く展示する博物館。常設展「大和の考古学」では、考古学の基準資料を基に日本の歴史が概説されている。

　春秋の特別展のほか、夏の企画展では例年、奈良県内の発掘調査が速報される。

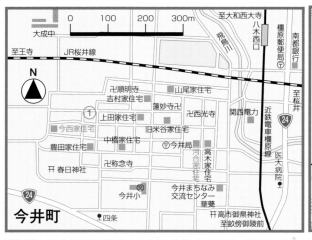

**memo**　バベルの塔／神に挑む仕業といわれたバベルの塔であるが、飛鳥にも天を衝くような塔があった。奈良大安寺の前身・大官大寺にはなんと九重塔が。東大寺七重塔で高さ100.5ｍ（興福寺五重塔の2倍）だったというから、一体どのくらいの高さなのか。

## 藤原宮跡

<ruby>藤原 宮跡<rt>ふじわらきゅうせき</rt></ruby> 地図 P61 ⑤ 参照 P86

藤原京は、7世紀末の持統天皇から文武、元明3代にわたって都の置かれたところ。東西8坊（約2.1km）・南北12条（約3.2km）の条坊制による整然とした都市計画は唐の都・長安がモデルといわれ、文字通り平城京の先駆けとなった。藤原宮は、藤原京の北部中央に置かれた宮城で、東西4坊・南北4条の規模をもち、現在では大極殿や朝堂院などの遺構が出土している。宮跡の地からは、北方を耳成山、西を畝傍山、東を香久山のいわゆる大和三山に守られた、太古以来ののどかな景色が広がる。

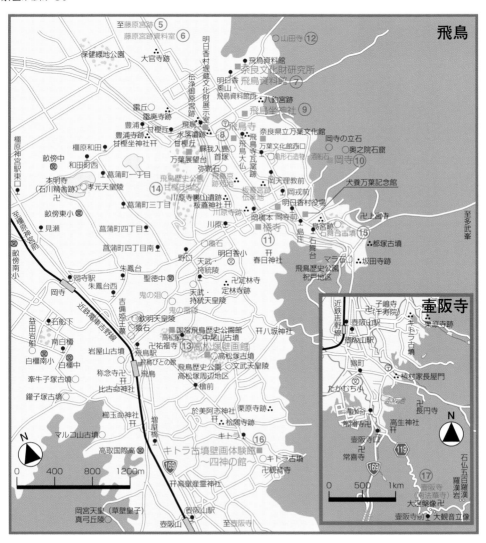

---

**memo** **藤原京の広さ**／藤原京の大きさについては1969年に発表された故岸俊男説（東西2.1km・南北3.2km）が主流だった。大藤原京説がその後提唱されたが、1996年の発掘でそれらより遙かに大きい東西5.3km、南北4.8kmと推定されるに至った。

藤原宮跡資料室

### 奈良文化財研究所 藤原宮跡資料室　地図 P61 ⑥　参照 P86

香久山の麓に研究棟に併設される形で開設されたもので、展示物の中心は国の特別史跡にも指定されている藤原宮や藤原京の発掘成果や当時の人々の生活資料など。他にも発掘調査の過程をマルチビジョンで紹介する「発掘は今日も続く」や、藤原京時代の下級役人の一日をコンピュータグラフィックで紹介した「藤原京再現」などのコーナーもある。

### 奈良文化財研究所 飛鳥資料館　地図 P61・54 ⑦　参照 P82

同研究所の一般向け展示施設。展示内容は、宮跡、石造遺物、寺院、古墳、高松塚古墳、飛鳥と万葉などのコーナーに分かれ、考古資料や模型、写真などで飛鳥の歴史を分かりやすく解説している。第2展示室に再現されている山田寺東回廊の復元模型なども見どころのひとつ。

飛鳥散策の前後に訪れてみるといい。

飛鳥資料館

**飛鳥坐神社**
地図 P61 ⑨　参照 P82

飛鳥寺北東の飛鳥坐神社は、ユニークで迫真的なおんだ祭りで知られる神社で、宮司の飛鳥家は 80 数代も続いた名家という。民俗学者であり、偉大な国文学者でもあった折口信夫の父方の家（祖父が養子となった）でもある。飛鳥寺を訪ねる前に訪れておくのもよい。

### 飛鳥寺　地図 P61 ⑧　参照 P82

飛鳥寺、またの名を安居院は、日本で最初の本格的な寺院で、『日本書紀』では法興寺と呼ばれている。その伽藍配置は、東・中・西金堂と三つの金堂が塔を取り囲む珍しい形式で、日本の寺院の歴史を考える上で重要なものである。蘇我氏の氏寺として崇峻元年（588）着工、推古4年（596）年に竣工されたことが『日本書紀』に記されている。百済からたくさんの工人や僧侶がやってきて造営を手伝った。近くには、大化改新で倒れた蘇我入鹿の首塚と呼ばれている五輪塔が立つ。鎌倉時代の作である。

伽藍跡の発掘の際、塔心礎の舎利とともに納入された多数の勾玉や金環など後期古墳の副葬品と同じものがたくさん出てきた。日本最初の本格的寺院は、大陸仏教の指導の下につくられたとはいえ、前代以前の日本固有の文化をも大切にしていたことが想像できる。それも、今となっては、小堂ひとつ残すのみで、時の移り変わりを思わせる。

しかし、この小堂の中には、推古14年（606）と記録されている仏像「**飛鳥大仏**」が安置されている。つまり日本最古の仏像である。ゆったりとした面長な顔のつくりで、飛鳥仏特有の杏仁形の目と不思議な笑みをたたえる唇が、大きな手の平とともに目の前に浮き出てくる。雷に打たれたり、たび重なる災難を経て、飛鳥時代の面影を残すのは、その顔と左耳、右手の3本の指だけになってしまった。しかし止利仏師がつくったといわれる、高さ約3mの大きな飛鳥仏の威厳のある姿は、そこから偲ばれてあまりある。

釈迦如来坐像〈飛鳥大仏・飛鳥寺〉

蘇我入鹿の首塚

---

**memo**　**万葉の森と甘樫丘**／香久山の東にある万葉の森と、大和三山一望の甘樫丘には、万葉集に詠まれた植物が植えられている。それぞれには由緒や植物を詠んだ歌の解説板が付いている。文学と植物の二つを同時に学べるというわけ。

如意輪観音菩薩坐像（岡寺）

## 岡寺 地図 P61・54 ⑩ 参照 P82

岡寺は西国第7番お札所である。天武天皇の皇子でありながら、ついに即位の日をみずに夭逝した草壁皇子の住まいであったところという。朱塗の仁王門は桃山時代の建造。ここ飛鳥は、日本最古の文明の遺跡の地であるが、さすがに、当時の建物などはもう残っていない。1400年の風雪を耐えるには、木造の建物はあまりにももろい。そのなかで、この岡寺の仁王門や本堂は古い方のひとつである。

岡寺は龍蓋寺とも呼ばれる。故事には、龍神をうまく招き寄せ、池にとじこめて蓋をしたという、龍蓋池にちなんだ呼び名である。

本堂に安置されている塑像、**如意輪観音菩薩坐像（岡寺大仏）**は高さは4.85mと巨大な像で、塑像としては日本で最も大きい。弘法大師がつくったものと伝えられている。もともと、銅造如意輪観音菩薩半跏像という小さな白鳳仏であったもの、弘法大師がそれを胎内仏として、塑像の大如意輪観音をつくったという。

そのほか、草壁皇子の住居跡をこの寺にした義淵僧正の等身坐像（木心乾漆・天平時代の作）や、天人を瓦に浮き彫りにした白鳳時代の天人浮彫甎、珍しい木彫りの仏涅槃像などがあるが、これらは、さきほどの胎内仏とともに、奈良や京都、東京の国立博物館などに出陳されている。

仁王門

## 橘寺 地図 P61 ⑪ 参照 P84

川原寺跡のちょうど真向かい、段々畑の向こうに静かなたたずまいを見せるのが、橘寺だ。聖徳太子の誕生の地という。天平時代には66の堂宇が立ち並び、食堂には48体の小金銅仏が祀られていたという。それも、たび重なる戦禍と災害に消えていき、今の建物は幕末に建てられたものである。

三光石

二面石

橘寺の宝物で最も古いものは、平安初期の一木造・伝日羅上人像である。典型的な貞観彫像だが、いまは年に2回春と秋の聖倉殿（収蔵庫）特別公開時のみ、その姿を見る事ができる。観音堂には、藤原期の六臂如意輪観世音菩薩が安置され、太子殿（本堂）には勝鬘経を講讃した重文の聖徳太子坐像などがある。境内の善悪ふたつの顔を彫り出した二面石は、飛鳥時代からのものと伝えられ、鎌倉時代に焼失した五重塔の心礎や、大化改新のとき、田畑を計る単位（一畝）の基準に使ったという畝割塚など、由緒ある遺跡が多い。

**memo** 亀が西向きゃ……／平安時代の東大寺文書にすでに名が見える亀石。石の制作意図については、飛鳥京の結界・川原寺の境界・朝鮮渡来人の土俗信仰など諸説紛々。亀石が西を向くと世界が泥の中に埋まるという、地球温暖化を先取りしたような恐ろしい伝説も。

山田寺跡

### 飛鳥の遺跡と石造遺物
地図P61　参照P76・77・75・74

飛鳥寺の南東の小高い丘の上にある酒船石は、厚さ1m、長さ5.3m、幅は一番広いところで2.27mという花崗岩でつくられた不思議な石造物。飛鳥時代につくられたものといい、平たく削られた石の表面に溝や窪みがつけられていて、酒や油を絞る槽だったとか、いろいろ伝えられているが、いまだに定説はない。

伝飛鳥板蓋宮跡は、酒船石の丘を降りた田圃の中。皇極4年（645）、蘇我入鹿が暗殺された所。敷石や大井戸の跡に加えて、門や石敷、一本柱列跡なども発掘されており、飛鳥浄御原宮に比定する説もある。

伝飛鳥板蓋宮跡から飛鳥川を隔てて西側には川原寺跡がある。古代の伽藍配置の中で重要なひとこまを占める川原寺の遺構が、

酒船石

石舞台

### 山田寺
たまだでら　地図 P61・54 ⑫　参照 P87

国の特別史跡に指定されている山田寺は、いまはその跡地に小さな観音堂があるだけだが、7世紀の終わり頃には立派な伽藍を誇っていた。昭和57年（1982）秋に出土した東回廊と推定される木製連子窓や柱などの遺構に続き、平成8年（1996）には南回廊と建築物の遺構も発掘されている。現在では東回廊の出土部材のうち保存状態のよかった部分を飛鳥資料館にて展示し、法隆寺より半世紀も古い山田寺の威容を示している。

### 高松塚壁画館
たかまつづかへきがかん
地図 P61 ⑬　参照 P84

高松塚壁画（西壁女子群像）

昭和47年（1972）に発掘された高松塚古墳は、その規模や出土品よりも、石室内に描かれた極彩色の壁画によって一躍全国的なブームとなった。保存のため石室内の見学はできないが、天井に描かれた星宿（星図）、四方を守るとされる四神、男女の群像など、古墳に隣接する高松塚壁画館で、その精密な複製をじっくり鑑賞することができる。

### 甘樫丘
あまかしのおか　地図 P61 ⑭　参照 P82

高さ148mの小さな丘を登ると、遠く金剛山系から大和三山、藤原京、飛鳥京など大和国原の美しい風景が広がっている。

この丘の麓には蘇我蝦夷と蘇我入鹿の親子の邸宅があり、その権勢を誇っていたという。大化の改新以前のことである。近年、東麓から7世紀頃の建物跡が発見されており、邸宅跡でないかといわれている。

### 石舞台古墳
いしぶたい
地図P61・54⑮　参照P82

岡寺の南の方には石舞台古墳がある。巨大な石が積み重ねられた横穴式石室の古墳である。30数個の岩の総重量は推定約2300トンで、一番大きな石で約77トンもある。飛鳥文化の壮大さと底深さを考えさせられる。この古墳はまた蘇我馬子の墓だともいわれている。

memo　橘寺精進料理／聖徳太子生誕地に立つといわれる橘寺では、住職夫妻の手作りになる精進料理を味わうことが出来る。百合の花・豆乳・生麩といった精進料理ならではの素材を使いながらも、豊かで多彩な一品一品に仕上げている。要予約。

## キトラ古墳壁画体験館～四神の館～

地図 P61 ⑯　参照 P83

特別史跡キトラ古墳を周辺の自然環境や田園環境とあわせて一体的に守るとともに多くの人が飛鳥の歴史や文化、風土を味わい過ごせるよう整備された国営飛鳥歴史公園の１地区のキトラ古墳周辺地区に「キトラ古墳壁画体験館　四神の館」がある。ここではキトラ古墳や壁画について分かりやすく楽しく学ぶことができる体感型施設となっており、実物大のキトラ古墳の石室や壁画の精巧なレプリカ、４面マルチビジョンによる壁画の映像、飛鳥時代の生活をあらわしたジオラマ、シアターなどによる解説を楽しむことができる。

このほか飛鳥の歴史や自然と触れあうことができる体験プログラム（勾玉づくり、海獣葡萄鏡づくり、古代ガラス製作　※有料・要予約）を行っている。
※期間限定でキトラ古墳壁画の実物も見ることができる。（事前申込）

## 南法華寺（壺阪寺）

地図 P61 ⑰　参照 P87

人形浄瑠璃「壺坂霊験記」で有名な千手観音が祀られている壺阪寺は、西国三十三ヵ所の６番目のお札所。創建は、大宝年間（701～703）か養老年間（717～724）といわれている。山深く高い嶺に、いまもバスや車を連ねてお詣りする人がひきもきらない。境内の、高さ20mの巨大な石造大観音像や長さ8mの涅槃像、釈迦の一生を描いた長さ50mのレリーフが参拝者の目を見張らせる。

くっきりと残されている。

岡寺の西方、橘寺の西には亀石がある。亀のうずくまったような形をした巨岩だが、平安時代の頃から亀石と呼ばれているという。何に使ったものかよく分からない。条理の境界標だともいわれている。ともかくこの石は少しずつ移動していて、亀の顔にあたるところが、東から南西へ大分回転したという。そして、これが西を向くとき、付近一帯は海になるといわれている。

この亀石の近くには鬼の俎、鬼の雪隠などという石造物がたくさんある。なかには、ほんとうに何のために使われたのか分からない大きな石があって、飛鳥古代人の文化の謎めいた一面をのぞくようだ。

65

# 飛鳥サイクリングマップ

　のどかな田園風景が広がる飛鳥、そこには古墳や石造物など古代ロマンを偲ばせる史跡があちらこちらに眠っています。だから、飛鳥を巡るには自転車での散策がオススメです。サイクリングの出発点となるのは近鉄吉野線飛鳥駅。駅前にはレンタサイクルショップが立ち並び、交通も橿原神宮前駅から3分、岡寺駅から2分と急行も止まる便利なところです。

## ◆ 飛鳥巡りのアドバイス

○地図上のサイクリングロード全てが、サイクリング専用の整備された道路ではありません。そのため所々に**"バスやトラックの大型車が通る""狭い""少しデコボコしている"**など、注意の必要なところがあるので気をつけて下さい。

○道路には観光のための案内標識が設置されています。しかし目印になるものが少ないので、わかりにくいポイントもあります。そんな時のために、方位磁石を用意しておくのも一策です。

○食事処はありますが、中心部から離れると少なくなってしまうので、前もって準備しておいた方が良いかもしれません。飛鳥駅前にはコンビニもあります。

○スケジュールを組んで史跡をくまなく巡るのも良いですが、見学ポイントを絞って、後は自由気ままにサイクリングを楽しむのもオススメです。

## ◆ 利用にあたってのアドバイス

　レンタサイクルショップは、飛鳥駅前や主要なポイントの周辺にあります。一般的に料金は平日1日900円（休日1000円）、営業時間は9時〜17時、定休日は無いところがほとんどです。中でも営業所を持つお店は、相互乗り捨てができます（要別料金）。また、シーズン中は大変混み合うので、修学旅行のグループ行動などで利用する場合は、事前予約をしておいた方が良いでしょう。

## ◆主なレンタサイクルショップガイド

（市外局番は0744）
・明日香レンタサイクル（観光明日香公共事業株式会社）
　連絡先54-3919
　〈近鉄飛鳥駅前／本社〉
・レンタサイクル万葉
　連絡先54-3500
　〈近鉄飛鳥駅前〉
※その他
・堂ノ前レンタサイクル〈川原寺西隣〉54-2395
・橋本サイクルセンター〈岡寺駅前〉27-4663
・レンタサイクルひまわり〈近鉄飛鳥駅前〉54-5800

　スポット情報は変更になる場合があり、事前確認をおススメします。
　料金、営業時間等の詳細については各レンタサイクルショップにてお問い合わせ下さい。

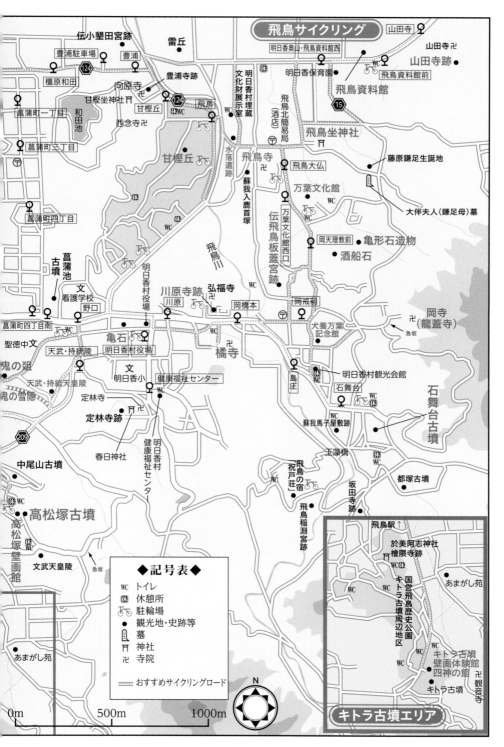

飛鳥サイクリング

キトラ古墳エリア

◆記号表◆

| | |
|---|---|
| WC | トイレ |
| (休) | 休憩所 |
| 駐輪場 | 駐輪場 |
| ● | 観光地・史跡等 |
| 墓 | 墓 |
| ⛩ | 神社 |
| 卍 | 寺院 |
| ‥‥‥ | おすすめサイクリングロード |

0m  500m  1000m

N

# 吉野

村上義光の墓
下千本駐車場
吉野
近鉄電車吉野線
ケーブル
吉野山駅
ロープウェイ
金峯山寺　金峯山寺前
ビジターセンター
⑦吉野局
勝手神社　吉水神社
村上義隆の墓　大日寺　吉野温泉元湯
竹林院群芳園　勝手神社前
竹林院　桜本坊
喜蔵院　如意輪寺口　如意輪寺
竹林院前　後醍醐天皇陵
花矢倉　僧宗信の墓
吉野水分神社
高城山展望台(下りのみ)
奥千本口
金峯神社
西行庵

0　500　1000　1500m

**奈良市内・飛鳥からのアクセス**
　吉野山は奈良県の中央部に位置し、奈良市中心部から離れている。そのため、行程計画に注意が必要である。
◆奈良市中心部から
　近鉄奈良駅から近鉄奈良線で大和西大寺駅で乗換え、近鉄橿原線急行で橿原神宮前駅で乗換え、近鉄吉野線急行で吉野駅で乗換え、吉野ロープウェイ(要確認)で吉野千本口駅から吉野山駅
◆飛鳥方面から
　近鉄壺阪山駅(または飛鳥駅・橿原神宮前駅など)から近鉄吉野線急行で吉野駅で乗換え、吉野ロープウェイで吉野千本口駅から吉野山駅

## 吉野山　地図 P68

　桜といえば吉野、吉野といえば桜という言葉がはねかえってくるほどに、吉野は昔から桜の名所として知られている。奈良や京都からはずいぶん離れているのだが、その離れたところに、美しい桜の花に包まれた別天地がある。吉野という土地柄そのものが、人びとの美への憧れを実現していたということでもある。それと同時に、離れてあることによって、吉野はまた、隠遁の地ともなり、不遇の人が捲土重来の願いをこめて雌伏する地でもあった。現実から離れてあることを願う人の心を、美としての桜が包みこむ——吉野はそんな世界なのであった。
　こうして、再起の機会を待つ大海人皇子(後の天武天皇)はここで力を与えられ、現世を捨てた西行は歌(美)の世界に没入するために吉野を選び、頼朝の追手を逃れた源義経の悲劇がこの桜の名所において伝説化され、王朝の分裂という哀れな事件の敗者後醍醐天皇は、この地に南朝の本拠を置いて、王朝の再興を悲願する。足利将軍に護られた北朝は京の都に本拠を置き、ついには南朝を崩壊させてしまうのだが、この強力な足利軍勢と戦った南朝の武将たち、北畠顕家、新田義貞、楠木正成・正行親子らの命は、桜の花のように散華して、「吉野」の物語をあざやかに染めるのである。
　離れてあることの願いを包む世界、吉野は、また一方では、山岳宗教の育つ地でもあった。密教を土台に、日本古来の山岳信仰や神道、儒教や道教などあらゆる宗教的要素が合成して形成された修験道は、吉野山の金峯山寺を総本山とする。修験道というのは、日本独特の宗教であるが、そんな吉野は、日本の歴史のある断面を見せてくれるようでもある。
　さて、桜におおわれた吉野山は四つの部分に分けられている。下千本と呼ばれる麓の方、吉野神宮あたり。如意輪寺を中心に中千本。吉野水分神社あたりの上千本。そして、西行庵のあるあたりの奥千本である。4月の上旬から下旬にかけて、桜の花は下千本から中・上・奥へと移り咲いて行く。

## 金峯山寺（蔵王堂） 世界文化遺産 地図 P68 ① 参照 P83

　東大寺の大仏を鋳た銅の余りでつくられたという銅の鳥居（康正元年＝1455再建）を通って金峯山寺に入る。大きな石で築かれた石垣の上に仁王門がそびえている。これは康正２年（1456）の再建。重層入母屋造の仁王門の両わきには、仏師康成がつくったという仁王（鎌倉末期）が立つ。このあたりから、吉野川の方を見下ろす眺めもすばらしい。

　修験道は平安時代から盛んに信仰されだすが、護摩を焚いて祈祷し、山中で苦行を重ねて神験（仏教でいう悟り）を得る。こういう修験者のことを山伏という。追われた義経や弁慶が山伏の姿をして逃げのびる情景は、歌舞伎などにも演じられるところだ。

　この修験道の本尊は蔵王権現である。仏教と神道の合体から生まれた、垂迹思想の産物である。伝説では、役行者が金峯山で参籠中に現われたといわれているが、やはり密教の発展のなかから産み出されたと考えたほうがよい。ふつう一面三眼二臂で忿怒の形相をしている。

　金峯山寺の本堂（檜皮葺、入母屋造）にはこの蔵王権現（約７ｍ）が祀られていて、蔵王堂と呼ばれている。過去・現在・未来を表わす大きな蔵王権現が３体、内陣深く祀られているほか、中央手前にも、厨子に入った蔵王権現１体が安置されている。また、この蔵王堂の内陣の柱は、神代杉やツツジの自然木をそのままに使っている。この堂も康正元年（1455）の再建である。

　金峯山寺には、さきの仁王をはじめ、鎌倉時代の聖徳太子立像、廻船入港図額（板絵着色・江戸時代）など寺宝も多い。また近くには、後醍醐天皇が吉野山に逃げてきたさい皇居とされた「吉野朝宮跡」の記念碑がある。結局、後醍醐天皇は、ここで恨みを抱いたまま不遇の生涯を終えるのである。

銅の鳥居

### 修験道

　日本古来の山岳信仰に、神道や仏教・道教などが取り入れられた独自の民族宗教で、役行者（小角）（634～701）を開祖とする。山に籠もり修行を行うことで、験徳（加持祈禱によって得られた霊験）を得ることを目的とし、実践者を修験者・山伏という。

　平安時代には多くの貴族の参詣を受け、鎌倉時代・南北朝時代にかけて、その立場を確立したが、明治時代の神仏分離令・修験禁止令で勢力は弱まってしまった。現在では、奈良の金峯山寺、京都の聖護院・醍醐寺三宝院などの他、各地の霊山を拠点としている。

**源 義経**（1159〜1189）

平安時代末期の武将で、幼名を牛若丸、仮名を九郎という。源義朝の九男として生まれ、鎌倉幕府を開いた源頼朝は異母兄である。平治の乱で父・義朝が敗死したため京都・鞍馬寺に預けられるが、後に平泉（現在の岩手県県西部）へ下り、奥州藤原氏・藤原秀衡の庇護を受ける。

平氏打倒のため兄・頼朝が出兵すると、これに参加。この治承・寿永の乱で平氏は滅亡し、義経は最大の功労者となったが、頼朝との対立の中、追われる身となる。義経は難を逃れるため、京を出て九州を目指すが果たせず、途中吉野に身を隠すなどするが、最終的に奥州の藤原秀衡を頼った。しかし、秀衡の死後、後を継いだ泰衡により攻められ自刃した。享年31。優れた軍才と非業の死は、人々の同情を引き、判官贔屓という言葉を生み、数々の伝説・物語が作られた。なかには、義経は生き延びて大陸へ渡り成吉思汗となったという珍説もある。

吉野は義経の潜伏地の一つであり、また、愛妾の静御前が捕らえられた地である。同地には様々な逸話や縁の史跡が伝わる。

## 吉水神社　世界文化遺産　地図 P68 ②　参照 P87

かつて義経が静御前や弁慶たちと逃げのびてかくれ住んだところ、また後醍醐天皇が行宮としたところでもあり、のちには、太閤秀吉が吉野山花見のときの本陣としたところ。単層入母屋造、檜皮葺の書院には、義経潜居の間や後醍醐天皇玉座の間、太閤花見の間などが保存されている。また、室町初期の遺構を残し、日本最古の書院造の様子を見せてくれる。花見の間から吉野の谷を見る眺めは流石である。

秀吉が花見の時使ったという青磁の花瓶や、義経が着用していたという鎧や鞍・鐙、静御前がつけていた鎧、弁慶の籠手、後醍醐天皇の遺品（硯・硯箱等）が部屋部屋に展示されている。

## 勝手神社　地図 P68

金峯山の登山入口にあたり、一方の道は如意輪寺へつながるところに、こじんまりと立っている。文治元年（1185）さらに逃げのびるほかない義経と別れた静御前が捕らわれの身となったとき、この社殿で舞をまい、荒法師たちを感嘆させたという。舞塚が立つ。

古くは、大海人皇子が神前で琴を奏でていると、後の袖振山の上から天女が現われて吉兆を示したという伝説もある、由緒ある神社。

※平成13年（2001）に社殿は焼失し、ご神体は吉水神社に遷座している。

## 大日寺　地図 P68 ③　参照 P84

勝手神社の近く、山間の細い坂道を下ったところに、ひなびた本堂の大日寺がある。そこには藤原時代の五智如来が5躯安置されている。各如来は円形光背をもち、光背には唐草透彫文様が施され、台座も立派なものである。

## 櫻本坊　地図 P68 ④　参照 P84

　吉野山に逃れていた大海人皇子の伝説が残る寺院。明治維新に廃仏毀釈の
波にもまれ、一時は衰退するが、修験道の伝統を伝える古刹として復興した。
境内は本堂、聖天堂、太子堂が横一列に並び、鎌倉時代の役行者倚像や、
平安時代の地蔵菩薩坐像、白鳳時代の釈迦如来坐像など数々の寺宝を有して
いる。また、聖天堂には役行者感得の、日本最古の聖天尊（歓喜天）が祀ら
れている。通常非公開。

## 竹林院　地図 P68 ⑤　参照 P85

　聖徳太子が開創した椿山寺をはじまりとする古刹。その後、空海により常
泉寺、至徳2（元中2・1385）には竹林院と改められた。護摩堂には南北朝
時代の聖徳太子坐像が納められている。
　庭園である群芳園は大和三庭園のひとつにも数えられる名園で、千利休
が作庭し細川幽斎が改修したと伝えられる。
現在は修験道系統の単立寺院となっており、また宿坊としても知られている。

## 如意輪寺　地図 P68 ⑥　参照 P86

　延喜年間（901〜923）に建立さ
れたというが、後醍醐天皇の勅願
寺となった。楠木正行が足利軍勢
と戦う前にここを訪れ、鏃でお堂
の扉に辞世の歌を刻んだ話で有名。
　宝物館には正行が辞世を刻んだ
とされる如意輪堂の扉をはじめ、
後醍醐天皇御使用高杯など南朝関
係の遺品が展示されている。また、
小像ながら迫力のある金剛蔵王権
現木像は見物。鎌倉時代に源慶
（運慶の弟子）より作られたもので、
後世の作ではあるが厨子も素晴ら
しい。

### 天武天皇〔?〜686〕

　第40代天皇で、御名は大海人。
舒明天皇と宝皇女（皇極天皇・
斉明天皇）の次男として生まれ、兄
は天智天皇（中大兄皇子）である。
のちに天智天皇の皇太子となるが、
跡を継がず出家して吉野に退去し
た。そもそも天智天皇には息子・
大友皇子（第一皇子）がおり、太
政大臣についていた。大友皇子を
後継にする意図があった、ともさ
れる。また、天智天皇は若かりし
頃に蘇我入鹿を暗殺したクーデター
（乙巳の変）を起している。
　いずれにしても、一旦は吉野に引
いた大海人皇子ではあるが、程な
く挙兵し大友皇子を破り天皇とな
る。古代日本史最大の内乱・壬申の乱
である。当時から吉野は仏教が盛ん
であり、また後年には追われたもの
が再起を図る場所ともなった。
　わずかな供周りを引き連れて、
瞬く間に数万の軍を起して勝利を
得た天武天皇の権威はとても高く、
天皇個人に権力を集中させた天皇
専制をしき、様々な改革がなされ
た。日本書紀・古事記の編纂は天
武天皇が始めた文化事業であるし、
「天皇」を称号とし、「日本」を国
号とした最初の天皇ともされる。
　天武天皇の死後、皇后が跡を継
ぎ持統天皇となる。天武・持統朝
と呼ばれるこの時代は、日本の統治
機構、宗教、歴史、文化の原型が
作られた重要な時代とされている。

吉野水分神社

## 吉野水分神社　世界文化遺産

地図 P68 ⑦　参照 P87

　如意輪寺から高野槇の群落がみられる山間の道を、上千本へと上ると、吉野水分神社がある。かつては吉野山をさらに入った青根ヶ峰、四方へ流れる川の源流に座したとされ、まさに水の分配を司る祭神・天之水分神を思わせる。

　「みくまり」は「水配る」の意であるが、訛って「みこもり」となり子守・子授けの信仰を集める。豊臣秀吉が詣でて子を授かったとも、本居宣長の両親も宣長を授かったとも言われている。

　柿葺の楼門や回廊をはじめ、現在の社殿は秀頼の創建である。慶長9年（1604）の建立で、桃山期の建築美を見せていて、回廊が拝殿と本殿を一棟につないだ一風変わった構造になっている。

　左殿には西行法師像が置かれている。立てた膝に左手を置き、右手には数珠を持っていて、天明5年（1785）の銘がある。右殿には非公開であるが、国宝の木造玉依姫命坐像が安置されている。玉眼の彩色豊かな木像（鎌倉期）とされ、女房装束をまとう穏やかな女官の姿をしており、あるいはこの女神によって子守・子授けを思わせるのではなかろうか。

## 金峯神社・西行庵　世界文化遺産　地図 P68 ⑧　参照 P83

　吉野山の最も奥深くにある神社が金峯神社である。関白藤原道長が参ったという記録が残る。道長が埋めたというお経の経筒は、現在、京都国立博物館に出陣中。すぐ左手の林の中には、源義経が隠れていたという義経隠れ塔もある。

　西行庵は、金峯神社よりもいっそう奥にあり、文治年間（1185～1190）の3年間、西行はここにひっそりと暮らしていたという。西行の跡を慕って訪れた芭蕉の句碑もある。

## あ行

形─吽形　仁王（金剛力士）の相を表わす。「阿」は口を開き、「吽」は結んでいる。

鳥板蓋宮　皇極天皇、斉明天皇の皇居。皇極2年（643）建設。

倉造　木材を交互に組み（井籠組という）、それを壁にした建物。古代建築のひとつで、倉として用いられた。

鳩宮　推古9年（601）に聖徳太子がたてた宮殿。法隆寺東院がその跡といわれている。

本造　75ページ参照。

母屋造　76ページ参照。

印相　仏や菩薩が、手と指を組み合せてつくる形。悟りや祈りの意味を象徴する。75ページ参照。

刻　図や書が掘り込み線によって表現されている。

文　仏や菩薩がまとう衣の着付けのようす。時代や諸尊の内容によって変ってくる。

エンタシス（entasis）　ギリシャ神殿やローマ、ルネサンスの建築などにみられる、柱の胴部がややふくらんだ形式。胴張という。法隆寺金堂、唐招提寺金堂の柱にもみられる。

出し仏　75ページ参照。

墾田宮　推古天皇、皇極天皇の皇居だったところ。推古11年（603）～27年（619）、ついで皇極元年（642）再びここを宮とし、翌皇極2年（643）飛鳥板蓋宮に遷都された。

## か行

股　桁や貫の間に設けられた斗束（短い柱の上に斗をつけたもの）。時代の移りゆきとともに様式が変化し、建築史でもつねに注目されている部分。

造　山または崖に持たせかけ、あるいは川の上にかけ渡して建物を作ること。

破風　反り曲った曲線状の切妻や入母屋などにできる、屋根の妻側の三角形部分の造形。

藍　本堂・五重塔・僧侶などお寺の建物の総称。本来の意味は、僧侶が仏道を修行する場所。

音　観世音の略。菩薩の一種で、聖観音、不空羂索観音、千手観音、十一面観音、馬頭観音、如意輪観音など、さまざまな種類がある。

壇　建物の基礎の部分。

侍　三尊形式の項参照。

仁形　杏仁というのはあんずの実の核肉のことをいうが、飛鳥時代の仏像の眼の形が、この杏仁に似ているところから名付けられた。

木鼻　桁などの先が柱より出ているところに彫刻などが施された部分をいう。鎌倉時代になって行われた。

仰月形　少し微笑したように口の両端があがっている飛鳥仏の口の特徴をいう。

玉眼　木彫仏像の眼の部分をくりぬき、内側から水晶をはめこんで、裏に瞳を描く方法。鎌倉時代以降の仏像、肖像彫刻に多いが、平安後期にも少し例がある。

切石　建材などのためにさまざまな形に切られた石材。

切妻造　76ページ図参照。

外陣　内陣に対して、信者などが礼拝を行う場所をいう。

化仏　如来、菩薩の光背や宝冠に飾られた小仏。

桁　斗栱（組物という）の上にあって、垂木や天井を受ける長い横木のこと。

桁行　建物の桁の長さ。家の長さ。

玄室　古墳のなかの棺などが納められている部屋。

高僧　現存したすぐれた僧のこと。

光背　仏からだから発する光明を表すもので、仏像の背後にたてられる。いろいろな形がある。

向拝　社殿や仏殿の正面階段の上に張り出した廂の部分。

古墳　古代に天皇やその親族、豪族などを葬った墓で、その形によって、円墳、方墳、上円下方墳、前方後円墳などに分類できる。

胡粉　日本画・東洋画の絵具の顔料で、貝がらを焼いてつくる。白い色を出す。

金銅仏　75ページ参照。

## さ行

三眼八臂　臂というのはひじのことをいうが、三眼八臂といえば、眼が三つあって、八本の手をもっている像のこと。

三尊形式─脇侍　本尊の如来を中心に、左右に脇侍がつく仏像形式で、本尊によって脇侍はつぎのように変る。

| 本尊 | 脇侍 | 脇侍 |
| --- | --- | --- |
| 薬師如来 | 日光菩薩 | 月光菩薩 |
| 阿弥陀如来 | 観音菩薩 | 勢至菩薩 |
| 釈迦如来 | 文殊菩薩 | 普賢菩薩 |

錣葺　棟から葺き下ろし、屋根の途中に段がある形。玉虫厨子（法隆寺）にみられる飛鳥期宮殿の例。

四天柱　塔、初重の四方に建つ柱。

漆箔像　75ページ参照。

鴟尾　大棟の両端に飾られている魚の尾の形をした飾り。

錫杖　菩薩や僧侶、修験者らが手に持つ杖の一種。

釈尊三十二相　釈迦の姿の特徴を32種とあげたもの。釈迦像がつくりはじめられた頃の経典に書かれてあり、それを基に仏像が彫られたり、描かれたりしてきた三十二相をさらに細かく説いた八十種好というのもある。

舎利　仏陀の遺骨のこと。仏舎利ともいう。舎利はすべて塔に収めてまつられる。

舎利塔　仏舎利を安置する塔。

十大弟子　釈迦の弟子のなかでもとくに重要な舎利弗、眼犍連、摩訶迦葉、阿那律、須菩提、富楼那、迦旃延、優婆離、羅睺羅、阿難陀の十人をいう。

守護神　仏教の場合、仏菩薩、仏法を護る天部などを指す。もと、バラモン教の神像だったものが、仏教教理のなかへとり入れられた。

須弥山　世界の中心にそびえ立っているという山。

須弥壇　仏像を安置する壇。もともとは須弥山のかたどった。

書院造　一棟を間仕切りによって別け、畳が敷かれ、明障子や襖で仕切られる建物。室町中期に起り、桃山時代に完成した。

請来　古代の朝鮮や中国から日本へもたらされる事。

浄土　仏や菩薩の住んでいる清浄な世界。浄土はいく種類もあるが、日本では「浄土」ということばで、阿弥陀如来のいる西方浄土を指すようになっていった。

丈六仏　立ったとき一丈六尺（約4.85ｍ）の高さあるという大きな仏像。じっさいには大きさはいく種類もある（坐高最大2.8ｍから最小1.9ｍ位まで）。

素木像　75ページ参照。

心礎　塔の心柱をうける礎石。

心柱　塔の中心に立てる柱のことをいう。

神仏混淆　本地垂迹思想の項参照。

水煙　76ページ参照。

水瓶　水をいれる器だが、寺院で用いられるもののほか、菩薩などが手にしている場合もよくある。

透彫　木や板金の一部を彫り抜いて模様をつくる方法。

厨子　仏像や舎利を安置する容れ物。両開きの扉がついている。

石室　岩や石を組んでつくった墳墓。竪穴式と横穴式とあり、いしむろ、とかいわむろともいう。

羨道　「えんどう」ともいう。古墳の入

り口から玄室までにつづく道。

**象嵌** 金属・陶磁・木材などに、金銀等別の素材をはめこんで図柄をつくる技法。

**相輪** 76ページ図参照。

**塑像** 75ページ参照。

## た行

**台座** 像を安置する台。

**脱活乾漆像** 75ページ参照。

**塔頭** 本寺に所属する小寺で、その境内にある寺院をいう。元来は禅宗のうう高師の墓のある所をいった。

**垂木** 棟から軒へ斜めにわたされる木材。

**檀像** 75ページ参照。

**天衣** 如来や菩薩が着けている衣服。

**天蓋** 仏像などの上にかざす、屋根のようなかさ。

**天部** 仏教が成立する以前、古代インドの神話に登場した神々が、仏教にとり入れられて仏教守護の役目をうけもった。四天王のように「××天」と呼ばれるものや、十二神将、金剛力士なども天部に属する。

**斗栱** 柱頭の上の組物のこと。斗は「ます」、栱は「ひじき」ともいう。さまざまな構成があり、時代によって変遷する。「雲形斗栱」は法隆寺にみられる。「二手先斗栱」はこの斗栱を二段に組み合わせたもの。「三手先」「四手先」と複雑に組み合わされる例も多い。

**土壇** 基壇の盛土のこと。

**塔婆** 塔のこと。

**止利仏師** 鞍作止利。飛鳥時代の仏師。中国の南部の国から帰化したといわれる司馬達等の孫。鞍作多須奈の子。

**トルソー（torso）** 首や手足がない胴のみの彫像。

## な行

**内陣** 仏や菩薩あるいは神体を安置してある奥の間。

**南都七大寺** 東大寺、興福寺、元興寺、大安寺、薬師寺、西大寺、法隆寺のこと。

**南都北嶺** 比叡山の延暦寺を北嶺と呼んで、奈良と対比してとらえた呼び方。

**「日本書紀」**「日本紀」とも呼ばれ、8世紀につくられた歴史の本。神代から持統天皇までの記事を年月を追って記述する。

**如来** 仏を尊称。仏教の開祖である釈迦牟尼を、釈迦如来、西方極楽浄土の教主・阿弥陀如来、病気や災難から救ってくれるのは薬師如来というふうに使われる。

**人字束** 束は短い柱状の材。それが「人」

の形をしているのを人字束という。

**貫** 柱の間をつなぐため柱に貫穴をあけて通しわたした横木のこと。その先端（貫端）には装飾が施される。

**涅槃** サンスクリット語の「ニルヴァーナ」ということばから来ている。解脱の境地を指す語だが、釈迦が死ぬ（入滅する）ときのさまを、涅槃に入るという。

## は行

**廃仏毀釈** 明治元年、神仏分離令が出されそれまで神仏混淆思想によって同居していた神社と寺院が分けられることになった。その時、仏法が盛んになり、寺院や経文、寺宝がこわされた。

**半跏像** 片足を垂らし、もう一方の足は組んで坐っている像。それに対し、両足を組んで坐る形を結跏趺坐という。半跏思惟像というのは、弥勒菩薩のように半跏の形で、右手を頬にそえている姿の像のこと。

**比丘** 僧のこと。尼僧のことは比丘尼という。

**廂** 建物の窓・出入り口・縁側などの上部に張り出す片流れの小屋根。

**檜皮葺** 檜の皮で屋根を葺く方法。

**白毫** 仏の額についていて、光を放つという毛。

**毘盧遮那仏** 盧舎那仏の項参照。

**平城京** 和銅3年（710）に遷都建設された奈良の都。現在の奈良市から郡山市に及ぶ広さがあったという。唐の都・長安をまねてつくられ、中央を南北に走る朱雀大路をはさんで、左右両京に分かれる。その南北に四条の大路、東西に九条の大路が通じて坊城を形成した。また現在の奈良公園に当る部分に、坊城からはみ出た外京がつけ加えられた。

**扁額** 横長の額。

**宝形造** 76ページ参照。

**宝相華** 中国唐の時代、日本の奈良から平安時代にかけてさかんに用いられた花の文様。インド・西域を経て中国に入った想像上の花文。

**北魏** 古代中国の国名。紀元386年、今の山西省大同に都をつくり、493年洛陽に遷都、556年に滅亡。古代中国はその後、隋（581〜907）の時代となっていく。

**菩薩** 仏陀の次の位にあるもの。仏となるため、悟りを求めつつ、衆生を導く。日光菩薩、虚空蔵菩薩、観世音菩薩、地蔵菩薩など種類は多い。また、朝廷が高僧に贈った称号としても使われた。

**法相宗** 奈良時代の仏教の宗派のことを南都六宗（三論、成実、法相、具

舎、律、華厳）というが、その一つ。

**本瓦葺** 平瓦（四角い瓦）を葺き、そ列の間に丸瓦（円筒形の瓦）をふせ並べる方法。

**本尊** お寺の中央に安置される仏像。

**本生譚** 釈迦前世の生涯を説いたイド仏教説話。

**本地垂迹思想・神仏混淆** 仏教の日本過程から生れた信仰で、仏は神の地（本来の姿）であり、神は仏の垂迹（姿を変えて現われた仮の姿）であという、神道と仏教が同居した思想

**翻波式** 平安初期（貞観期）の木彫にみられる天衣のひだの形式。太波と細みの波の線が交互にくりかされる。

## ま行

**卍崩し** 高欄の形態の一種。

**曼荼羅** 仏教の本質である悟りの世を絵図にしたもの。曼荼羅の本格な発展は、平安初期、密教がもたされてからである。

**明王** 忿怒相の諸尊。9世紀に密教来して中国から出し出した仏法の守護神五大明王というのは、不動、軍荼利世、大威徳、金剛夜叉を指し、ほかに愛染明王や孔雀明王などもある。

**木心乾漆像** 75ページ参照。

**裳階** 本屋根下についている庇のよな差掛け。雪打ともいう。

## や・ら・わ行

**薬師如来** 薬師瑠璃光如来の略

**瓔珞** 仏像の胸飾り。もともとはイドの貴族が宝石などで飾った装身具

**寄木造** 75ページ参照。

**寄棟造** 76ページ参照。

**羅漢** 阿羅漢ともいい、仏教の修行の最高の位置にあるもの。

**螺鈿** 漆器などの表面に貝殻の光をつ部分を切りとって嵌めこみ、模をつくる技法。

**螺髪** 仏の頭髪の形式の一種で、縮て渦のような形をしている。

**盧舎那仏** 華厳経に説かれている仏正しくは毘盧遮那仏といい、あまく世界に光明を放ち、蓮華蔵世界住み、千百億の釈迦となって現わる。

**楼造** 2重（2階）で、1重上に縁があり屋根は2重の部分だけにしかないり方のこと

**若草伽藍** 天智9年（670）にやけたとわれる創建法隆寺の伽藍のこと。

**蕨手** 蕨の新葉をこぶし状に巻いてるところからつけられた名称で、像の頭髪の先端が巻き上がるようなっている形をいう。

## 彫像の種類と技法

**一本造**　木像彫刻法の古い手法。像の頭部と体部を一木から彫り出す。台座も含めて一木で彫り出すものや、両腕や膝前ははぎ合わすものなど方法はいろいろある。

**押出し仏**　石や泥塑で型をつくり、その上に薄い銅板をあてて、鎚で叩き、仏像を浮彫り（レリーフ）にしたもの。一つの型から多数の仏像が出来、初期に日本ではやった。

**木屑漆**　生漆に麦粉をまぜてねった麦漆と木の粉をこね合わせてつくる。乾漆像の肉付け、細部の造形に使用。また木彫像のすき間を埋めるのに使われた。

**金銅仏**　銅で鋳って、渡金する造仏法。銅で鋳造して仏像を造る方法は日本で最も古い造仏法のひとつである。

**漆箔像**　漆を塗ってその上に金箔を置いた像。

**素木像**　削った木肌のままで、何も塗られていない像。檀木像などに多い。

**塑像**　泥で盛り上げて像をつくる古い手法。

**脱活乾漆像**　夾紵漆ともいう。土で像心をつくり、その上に漆を使って麻布を何重にも貼り重ねる。乾燥後、土を抜き、木材で補強する。細部は木屑漆を用いて造形する。

**檀像**　白檀のような堅く香りの高い木から彫り出された像。請来像。

**木心乾漆像**　像の原形を木でつくり、木屑漆を重ねて像をつくる方法。天平時代の後期に、脱乾漆像とともにさかんに行われた造像法。

**寄木造**　頭部と胴部を別々の木でつくり内部をくりぬき、はぎ合わせてつくる方法。平安時代に入って確立された。

**レリーフ（relief）**　浮彫りのこと。板や石、塑、陶磁、金属など像を平面上に浮き出させるように彫り出す。彫刻のように全体を彫り出さない。

## 仏像の図と各部名称

菩薩

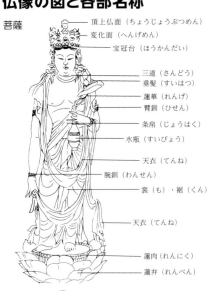

釈迦如来

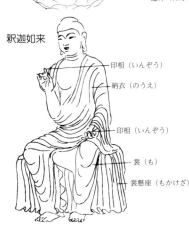

## 仏像の印相

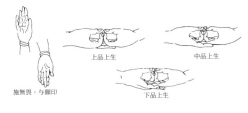
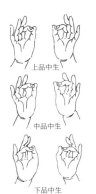
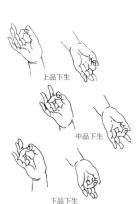

# 屋根の形式

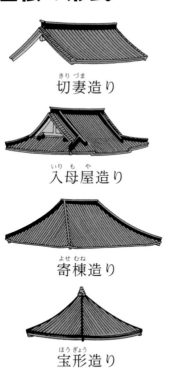

切妻造り（きりづま）

入母屋造り（いりもや）

寄棟造り（よせむね）

宝形造り（ほうぎょう）

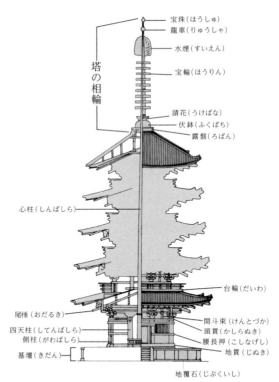

塔の相輪

宝珠（ほうしゅ）
龍車（りゅうしゃ）
水煙（すいえん）
宝輪（ほうりん）
請花（うけばな）
伏鉢（ふくばち）
露盤（ろばん）

心柱（しんばしら）

台輪（だいわ）
間斗束（けんとづか）
頭貫（かしらぬき）
腰長押（こしなげし）
地貫（じぬき）

尾棰（おだるき）
四天柱（してんばしら）
側柱（がわばしら）
基壇（きだん）

地覆石（じふくいし）

# 伽藍配置図

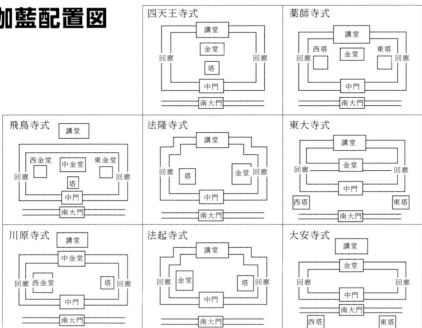

## 四天王寺式
講堂
金堂
塔
中門
回廊　回廊
南大門

## 薬師寺式
講堂
西塔　金堂　東塔
回廊　回廊
中門
南大門

## 飛鳥寺式
講堂
西金堂　中金堂　東金堂
回廊　回廊
塔
中門
南大門

## 法隆寺式
講堂
塔　金堂
回廊　回廊
中門
南大門

## 東大寺式
講堂
金堂
回廊　回廊
中門
西塔　東塔
南大門

## 川原寺式
講堂
中金堂
西金堂　塔
回廊　回廊
中門
南大門

## 法起寺式
講堂
金堂　塔
回廊　回廊
中門
南大門

## 大安寺式
講堂
金堂
回廊　回廊
中門
南大門
西塔　東塔

# 仏像鑑賞がおもしろくなる基礎知識

　奈良が多数所有する国宝や重要文化財の仏像を鑑賞した際、基礎知識が少しあるだけで興味や理解が一層に深められます。72ページで各寺院がどんな種類の国宝の仏像を所有しているのか確認しながら見学しましょう。

## ─ 仏像とは？ ─

　もともと仏教を開いた釈迦の姿を表したものですが、地域と時代によって仏像の様式などは変わっていきました。基本的には如来、菩薩、明王、天の4つに分類されています。

## ① 如来

法隆寺釈迦如来像

悟りを開いた者。仏陀ともいう。当初は釈迦如来だけだったが、後に仏教の教義が多様化し、多くの如来が考え出された。全身を覆う一枚の衲衣を身に着けている事や、髪の毛が螺髪と呼ばれるぶつぶつである特徴があります。

**釈迦如来**・・・仏教の開祖
　例【法隆寺(P38)、室生寺(P57)など】

**薬師如来**・・・病を治してくれる医者。
　例【奈良国立博物館(P10)、薬師寺(P31)など】主に奈良時代

**阿弥陀如来**・・・来世における幸福を約束してくれる
　例【法隆寺(P38)など】主に平安時代

**大日如来**・・・仏教の流れの一つ「密教」の世界の中心にいる
　例【東大寺(P16)、唐招提寺(P28)など】

## ② 菩薩

法華寺十一面観音立像

如来に向けて、悟りを求めて修行している者。出家する前の在家の人間であったため、髪を豊かにたくわえ、宝冠や腕輪、首飾りなど装飾品をたくさん身に着けている特徴がある。

**観音菩薩**・・・慈悲の仏。一茎の蓮をもっているのが特徴
　例【興福寺(P12)、法隆寺(P38)、法華寺(P24)、聖林寺(P55)など】

**弥勒菩薩**・・・やがて仏(如来)になることが決まっている未来仏
　例【興福寺(P12)、當麻寺(P45)など】

**地蔵菩薩**・・・大地を象徴する菩薩。右手に錫杖、左手に宝珠が一般的
　例【法隆寺(P38)など】

## ③ 明王

如来の使者であり、煩悩のとりこになっている人々を教化するため、恐ろしい顔つき(忿怒の相)でもって、屈服させ救済する。蛇、ドクロなどや、あらゆる武器を持っており、背中に激しく燃え上がる火が特徴的。

**不動明王**・・・大日如来の化身。右手に剣、左手に羂索(縄)を持ち、青黒色の全身に火焔を負う姿が一般的。

**降三世明王**・・・明王のナンバー2。過去、現在、未来の三世の煩悩を降伏させる。足でヒンズー教の神を踏みつけている。

## ④ 天

仏の教えに接してから仏教の守護者となった神々であり、現世利益的な信仰を集めるものも多数存在している。寺院の入口の門の両脇や、本尊の周辺、仏壇の周囲に安置されていることが多い。姿も様々で、鬼や妖怪なども属していることがある。

東大寺多聞天像

**梵天**・・・バラモン教の最高神のひとつだが、釈迦に帰依し仏法の守護神となる。基本、顔が四面ある。例【唐招提寺(P28)など】

**帝釈天**・・・元々は英雄神インドラ。戦闘好きで酒好き淫乱といった人間味がある神で、衣の下に鎧を着込んでいる。象に乗っている姿もある。
　例【唐招提寺(P28)など】

**吉祥天**・・・数ある女神の中でも有名であり、毘沙門天の妻ともされている。美と富を象徴し、頭上に宝冠、宝珠を持っている姿が一般的。
　例【法隆寺(P38)、薬師寺(画)(P31)など】

**金剛力士**・・・お寺の門の両脇で護衛をしている姿が見かけられる。口が開いている方を阿形、閉めている方を吽形といい、「阿吽の呼吸」の語源になっている。
　例【興福寺(P12)、東大寺(P16)など】

**十二神将**・・・薬師如来の世界とそれを信仰する人々を守る大将。甲冑を着けた武将の姿で12体もの群像がそれぞれ個性的なポーズをとっている。
　例【興福寺(P12)、新薬師寺(P21)など】

**四天王**・・・持国天、増長天、広目天、毘沙門天(多聞天)の4人。帝釈天に仕え、足で邪鬼を踏みつけている姿が大半。
　例【東大寺(P16)など】

**阿修羅**・・・八部衆の一人。戦闘神ともいわれており、三つの顔と六つの腕をもち、それぞれが違う表情をしている。
　例【興福寺(P12)など】

**奈良関係年表　旧石器時代～奈良時代**

| 時代 | 西暦 | 和暦 | 事項 |
|---|---|---|---|
| 旧石器時代 | 紀元前2万年頃 | | 二上山北麓に遺跡群。 |
| 縄文時代 | 12000B.C.～300B.C. | | 大淀桜ヶ丘遺跡、布留遺跡、橿原遺跡など多数。 |
| 弥生時代 古墳時代 | 300B.C.～200A.D | | 唐古遺跡、東大寺山遺跡など。 |
| | 3世紀 | | 纏向石塚古墳。 |
| | | | 箸墓古墳、茶臼山古墳。 |
| | | | 柳本古墳群（崇神陵、景行陵など）。 |
| | | | 佐紀古墳群（神功陵、日葉酢媛陵、宇和奈辺、小奈辺古墳）。 |
| | 4世紀前半 | | 大和朝廷全国統一。 |
| | 6世紀 | | 石上豊田古墳群、丸山古墳。 |

| 時代 | 西暦 | 和暦 | 事項 |
|---|---|---|---|
| 古墳時代 | 369 | | 七支刀、百済にて倭王のために造る。 |
| | 372 | 神功52 | 七支刀、七鏡、百済より渡来。 |
| | 421～ 491 | | 倭の五王、中国南朝と交易。 |
| | 522 | 継体16 | 司馬達等（止利仏師の祖父）渡日。 |
| | 538 | 欽明7 | 仏教公伝（止利仏師などによる）。 |
| | 552 | 13 | 仏教公伝（日本書紀による）。 |
| | 579 | 敏達8 | 新羅、仏像をもたらす。 |
| | 584 | 13 | 百済より弥勒石仏きたり、蘇我馬子これをまつる（後の元興寺）。 |
| | 585 | 14 | 馬子、大野丘に塔を建つ。 |
| | 586 | 15 | 用明天皇、寺（法隆寺）と薬師仏の造立を発願。 |
| | 587 | 用明2 | 聖徳太子、蘇我馬子、排仏派の物部守屋を討ち、四天王寺を難波に造立。 |
| | | | 多宮奈（止利の父）丈六仏を造立。 |
| | 588 | 崇峻1 | 法興寺（飛鳥寺）着工。百済から法興寺造営のための多数の仏工僧侶渡来。 |
| 飛鳥時代 | 594 | 推古2 | 甲寅年法隆寺金堂釈迦三尊像立。（光背現存、白雉2年説もあり）。 |
| | 596 | 推古4 | 法興寺造立。 |
| | 601 | 9 | 聖徳太子、斑鳩宮造営。 |
| | 604 | 12 | 聖徳太子、17条憲法制定。 |
| | 605 | 13 | 法興寺、銅・繍の丈六釈迦各一体造立をはじめる（銅像は止利作）。 |
| | 606 | 14 | 丙寅年金銅如意輪像の造立（天智5年説もあり）。 |
| | | | 飛鳥大仏造像。 |
| | 607 | 15 | 小野妹子隋にわたる（遣隋使）。法隆寺薬師如来造像。 |
| | 617 | 25 | 聖徳太子、のちに百済大寺（後の大安寺）となる精舎を造営。 |
| | 622 | 30 | 聖徳太子死す。 |
| | | | 中宮寺天寿繍帳できる。 |
| | 623 | 31 | 止利仏師、法隆寺金堂釈迦三尊像を造る。 |
| | 628 | 36 | 法隆寺戊子銘釈迦三尊像。 |
| | 7世紀中頃 | | 石舞台古墳、このころ造立か。 |
| | 630 | 舒明2 | 第一回遣唐使。 |
| | 634 | | 甲文銘観音菩薩像。 |
| | | | 豊浦寺に塔を建立。 |
| | 638 | 舒明10 | 法起寺金堂建立。 |
| | 639 | | 大宮・大寺の建立。百済大寺造営。 |
| | 641 | 13 | 山田寺着工。 |
| | 643 | 皇極2 | 山背大兄王（聖徳太子の子）蘇我氏に攻められて自殺、斑鳩宮焼亡。 |
| | 645 | 大化1 | 蘇我入鹿殺される。孝徳天皇、難波へ遷る。大化改新の詔発せられる。 |
| | 650 | 白雉1 | このころ法隆寺金堂四天王像造立。 |
| | 651 | 2 | 「元興寺縁起」成る。 |
| | | | 辛亥年金銅観音菩薩立像（崇峻4年説もあり）。 |
| | 657 | 斎明3 | 中臣鎌足、山階寺（後の興福寺）を造営。 |
| | 658 | 4 | 川原寺（弘福寺）建立。 |
| | 663 | 天智2 | 百済滅亡。日本水軍、白村江で唐と戦い大敗。 |
| | 667 | 6 | 天智天皇、近江大津京へ遷都。 |
| | 670 | 天智9 | 法隆寺焼失。 |
| | | | 庚午年籍出来る。 |
| | 672 | 天武1 | 壬申の乱。 |
| | | | 山階寺を大和国高市郡厩坂に移す。 |
| | 673 | 2 | 天武天皇、飛鳥浄御原宮にて即位。 |
| | 678 | 7 | 山田寺本尊鋳造。 |
| | 680 | 9 | 天武天皇、薬師寺建立を発願。 |
| | | | 談山神社十三重塔創建。 |
| | 681 | 10 | 当麻寺開基。 |

| 時代 | 西暦 | 和暦 | 事項 |
|---|---|---|---|
| 飛鳥時代 | 685 | 14 | 山田寺本尊開眼。 |
| | | | 天武天皇病のため、川原寺・飛鳥寺などにて誦経。 |
| | 686 | 朱鳥1 | 皇后・皇太子・天皇のために大安寺繍観音菩薩像を造る。 |
| | | | 天武天皇死す。 |
| | 692 | 持統6 | 大津皇子謀反の罪により殺さる。 |
| | | | 薬師寺講堂本尊に阿弥陀大繍仏。 |
| | 694 | 8 | 金光明経百部を諸国に送る。 |
| | | | 持統天皇、飛鳥浄御原より藤原京に遷都。 |
| | 698 | 文武2 | 薬師寺、藤原京に建立。 |
| | 701 | 大宝1 | 大宝律令制定。 |
| | 706 | 慶雲3 | 法起寺三重塔建立。 |
| 奈良時代 | 710 | 和銅3 | 平城京遷都。 |
| | | | 厩坂寺を平城京春日に移し興福寺と号す。 |
| | 711 | 4 | 藤原不比等、春日の神をまつる（春日大社の起り）。 |
| | | | 法隆寺中門、五重塔塑像。 |
| | | | 藤原宮、大官大寺（大安寺）焼く。 |
| | 712 | 5 | 太安万侶、「古事記」編集。 |
| | 718 | 養老2 | 薬師寺、西の京に移建。 |
| | 719 | 3 | 九面観音像など唐より請来、法隆寺に納む。 |
| | 720 | 4 | 舎人親王、「日本書紀」編集。 |
| | 721 | 5 | 薬師寺聖観音像。 |
| | | | 長谷寺建立もこの年の説あり。 |
| | 724 | 神亀1 | 聖武天皇即位。 |
| | 726 | 3 | 興福寺東金堂建立。 |
| | 729 | 天平1 | 長屋王、謀反を問われ自殺。 |
| | | | 岩船寺建立。 |
| | 730 | 2 | 薬師寺三重塔・興福寺五重塔建立。 |
| | 733 | 5 | 良弁、羂索院を建てる。金鐘寺と号す（東大寺法華堂）。 |
| | 734 | 6 | 興福寺西金堂建立。十大弟子・八部衆像など安置。 |
| | 737 | 9 | 天然痘流行。 |
| | 739 | 11 | 国毎に釈迦三尊像を造らせ、大般若経を写させる。 |
| | | | 行信、上宮王院を建立。 |
| | 740 | 天平12 | 藤原広嗣の乱。 |
| | | | 国毎に法華経10部を写し、七重塔を建立させる（この後のしばしばこうしたことが行われる）。 |
| | | | この年から天平17年まで、聖武天皇は都を恭仁京、紫香楽京、難波京へ移す。 |
| | 741 | 13 | 国分寺・国分尼寺建立の詔。 |
| | 743 | 15 | 東大寺造営の詔。 |
| | | | 天皇、紫香楽京にて大仏造立の寺地を開く。 |
| | 744 | 16 | 紫香楽・甲賀寺にて大仏骨柱立つ。 |
| | 745 | 17 | 法華寺創建。 |
| | | | 地震により、平城京諸寺にて誦経。 |
| | | | 大仏造立を今の東大寺の地に移す。 |
| | 746 | 18 | 般若寺の起り。 |
| | 747 | 19 | 新薬師寺建立。 |
| | | | 東大寺三月堂不空羂索観音像もこの頃。東大寺大仏鋳造開始。大仏殿着工。 |
| | 748 | 20 | 造東大寺司はこのころか。 |
| | 749 | 天平勝宝1 | 大仏鋳造完了。螺髪鋳造開始。 |
| | 751 | 3 | 大仏螺髪鋳造完了、大仏両脇侍造像。大仏殿竣工。 |
| | 752 | 4 | 大仏開眼供養。 |
| | 753 | 5 | 鑑真一行薩摩に着く。 |
| | 754 | 6 | 鑑真入京、東大寺大仏殿前にて天皇に戒を授く。 |
| | 755 | 7 | 東大寺戒壇院建立。銅四天王造像。 |
| | 756 | 8 | 聖武天皇没、遺愛の品を東大寺に献納（正倉院宝物）。 |
| | 757 | 天平宝字1 | 鑑真、良弁を大僧都に叙す。 |
| | | | 橘奈良麻呂の変。 |
| | 759 | 3 | 唐招提寺開創。 |
| | 760 | 4 | 光明皇后逝去。東大寺伽藍造営ほぼ完了。 |
| | 763 | 7 | 鑑真和上死す。和上像出来る。 |
| | 764 | 8 | 恵美押勝（藤原仲麻呂）の乱。 |
| | 765 | 天平神護1 | 西大寺建立、金堂四天王銅像鋳造開始。 |
| | 768 | 神護景雲2 | 春日大社、宮社となる。 |
| | 769 | 3 | 弓削道鏡、皇位をねらう。 |
| | 770 | 宝亀1 | 天智天皇系の皇孫光仁天皇即位。 |
| | 771 | 2 | 東大寺大仏光背完成、丈が高過ぎ、天井を切上げる。 |
| | 772 | 3 | 薬師寺吉祥天像。 |
| | 773 | 4 | 良弁死す。 |
| | 776 | 7 | 西大寺西塔に落雷。 |
| | 780 | 11 | 秋篠寺造立。 |
| | 785 | 延暦4 | 藤原種継暗殺される。 |
| | 787 | 6 | 桓武天皇、長岡京に遷都。 |
| | 788 | 7 | 最澄、比叡山寺創建。 |
| | 789 | 8 | 造東大寺司を廃す。 |
| | 791 | 10 | 興福寺講堂丈六阿弥陀三尊像造像。大安寺四天王像造立（現興福寺国宝像）。 |
| | 793 | 12 | 新薬師寺薬師如来像。 |

| 代 | 西暦 | 和暦 | 事項 |
|---|---|---|---|
| 平安時代 | 794 | 13 | 平安京へ遷都。 |
| | 796 | 15 | 京に東西両寺造営。 |
| | 804 | 23 | 最澄と空海、入唐。 |
| | | | 天皇病のため、七大寺にて誦経。 |
| | 810 | 弘仁 1 | 薬子の乱（平城上皇による平城遷都の試み）。 |
| | 813 | 弘仁 4 | 興福寺南円堂建立。 |
| | 816 | 7 | 興福寺南円堂燈籠。 |
| | | | 空海、高野山に金剛峯寺を開く。 |
| | 824 | 天長 1 | 長岳寺開創。 |
| | 827 | 4 | 東大寺大仏沈下し、像の背後に山を築いて防ぐ。 |
| | 848 | 嘉祥 1 | 室生寺開基か（貞観8年説もあり）。 |
| | 855 | 斉衡 2 | 東大寺大仏の首が落ちる。 |
| | 861 | 貞観 3 | 大仏頭部修理供養。 |
| | 878 | 元慶 2 | 興福寺炎上。 |
| | 884 | 1 | 春日大社金銀蒔絵箏。 |
| | 887 | 仁和 3 | 飛鳥寺焼失。 |
| | 894 | 寛平 6 | 遣唐使廃止。 |
| | 911 | 延喜 11 | 大安寺焼失。 |
| | 917 | 17 | 東大寺講堂焼ける。 |
| | 925 | 延長 3 | 法隆寺講堂焼失する。 |
| | 928 | 6 | 西大寺塔炎上。 |
| | 946 | 天慶 9 | 岩船寺阿弥陀如来像。 |
| | 962 | 応和 2 | 台風により、東大寺南大門・興福寺講堂・西大寺食堂・新薬師寺仏・仏薬師像など倒壊。 |
| | 968 | 安和 1 | 興福寺・東大寺と寺領を争う。 |
| | 973 | 天延 1 | 薬師寺に火事、金堂・東西両塔をのこして焼失。 |
| | 985 | 寛和 1 | 源信、「往生要集」を著す。 |
| | 987 | 永延 1 | 東大寺大仏殿に落雷・光背がこわれる。 |
| | 990 | 正暦 1 | 法隆寺講堂建立。 |
| | 1017 | 寛仁 1 | 大安寺焼失。興福寺に落雷、五重塔など焼失。 |
| | 1041 | 長久 2 | 大安寺再び焼失。 |
| | 1046 | 長承 1 | 興福寺再び火災で全滅状態。 |
| | 1047 | | 浄瑠璃寺九体阿弥陀像。 |
| | 1050 | | 興福寺衆徒の強訴により、源頼義配流。 |
| | 1069 | 延久 1 | 秦致真筆法隆寺絵殿聖徳太子伝絵。 |
| | 1070 | 2 | 大地震あり、東大寺の大鐘が落ちる。 |
| | 1078 | 承暦 2 | 橘寺の小金銅仏などを法隆寺金堂に安置。 |
| | 1097 | 承徳 1 | 法隆寺金堂阿弥陀像盗まる。 |
| | ～8 | | |
| | 1101 | 康和 3 | 東大寺大仏殿前金剛燈籠の宝珠を修理。 |
| | 1107 | 嘉承 2 | 浄瑠璃寺本堂建立。 |
| | 1135 | 保延 1 | 春日大社若宮建立。 |
| | 1137 | 保延 3 | 石上神社・出雲建雄神社建立。 |
| | 1138 | 4 | 法隆寺仏来迎壁舎利供。 |
| | 1140 | 6 | 西大寺にはこの頃、食堂・四王院・塔一基を残すのみ。 |
| | 1152 | 仁平 2 | 法隆寺夢殿修理。 |
| | 1156 | 保元 1 | 保元の乱。 |
| | 1157 | 2 | 長岳寺阿弥陀三尊。 |
| | 1176 | 安元 2 | 地震により、東大寺大仏螺髪・大鐘落つ。 |
| | 1177 | 治承 1 | 運慶、円成寺大日如来を造る。 |
| | 1178 | 2 | 浄瑠璃寺三重塔。 |
| | 1180 | 4 | 平重衡、東大寺・興福寺を焼く。 |
| | 1181 | 養和 1 | 重源、東大寺再建をはかる。 |
| | 1182 | 寿永 1 | 陳和卿（宋の鋳師）東大寺大仏鋳造を開始。 |
| 鎌倉時代 | 1185 | 文治 1 | 平家滅亡。興福寺衆徒ら平重衡を木津にて斬る。源義経、吉野に潜入。東大寺大仏開眼供養。 |
| | 1187 | 3 | 興福寺衆徒ら、山田寺薬師寺三尊を奪い、東金堂に移す。 |
| | 1189 | 5 | 興福寺南円堂諸像。 |
| | 1192 | 建久 3 | 源頼朝征夷大将軍となる。 |
| | 1195 | 建久 6 | 東大寺再建供養行われる。 |
| | 1203 | 建仁 3 | 運慶・快慶、東大寺南大門仁王像をつくる。 |
| | 1208 | 承元 2 | 興福寺北円堂建立。運慶、無著・世親像をつくる。 |
| | 1212 | 建暦 2 | 浄瑠璃寺吉祥天像。 |
| | 1214 | 建保 2 | 海住山寺五重塔建立。 |
| | 1215 | 3 | 康弁、天燈鬼・龍燈鬼（興福寺）をつくる。 |
| | 1232 | 貞永 1 | 法隆寺金堂阿弥陀如来像をつくる。 |
| | 1261 | 弘長 1 | 般若寺卒塔婆建立。 |
| | 1277 | 建治 3 | 興福寺落慶。 |
| | 1298 | 永仁 2 | 「東征伝絵巻」（蓮行筆）成る。 |
| | 1317 | 正和 6 | 不退寺南円堂建。 |
| 室町時代 | 1327 | 嘉暦 2 | 興福寺焼失。 |
| | 1331 | 元弘 1 / 元徳 3 | 後醍醐天皇、笠置へ移る。 |
| | 1332 | 元弘 3 / 正慶 2 | 護良親王、吉野で挙兵。 |
| | 1333 | 元弘 3 / 正慶 2 | 鎌倉幕府滅亡。 |
| | 1336 | 延元 1 | 室町幕府開く。 |
| | | 建武 3 | 後醍醐天皇、吉野へ移る。 |
| | 1348 | 延元 3 / 貞和 4 | 後醍醐天皇、賀名生へ逃る。 |
| | 1357 | 正平 12 / 延文 2 | 興福寺の大乗院と一乗院争う。 |
| | 1361 | 正平 16 / 康安 1 | この年地震多く諸寺に被害。 |
| | 1392 | 元中 9 | 南北朝統一。 |

| 代 | 西暦 | 和暦 | 事項 |
|---|---|---|---|
| 室町時代 | | 明徳 3 | |
| | 1415 | 応永 22 | 興福寺東金堂再建。 |
| | 1416 | 23 | 興福寺大湯屋院炎上。 |
| | 1417 | 24 | 東大寺大仏に金箔が塗られる。 |
| | 1446 | 文安 3 | 東大寺戒壇院炎上。 |
| | 1451 | 宝徳 3 | 土一揆によって元興寺金堂など焼失。 |
| | 1455 | 康正 1 | 金峯山寺銅の鳥居・蔵王堂再建。 |
| | 1456 | 2 | 金峯山寺に王門再建。 |
| | 1467 | 応仁 1 | 応仁の乱起り、平安貴族ら奈良へ避難。 |
| | 1509 | 永正 6 | 夕日地蔵。 |
| | 1523 | 大永 3 | 法隆寺中門形木力士像刻み直す。 |
| | 1528 | 享禄 1 | 兵火のため薬師寺西塔・金堂など焼失。 |
| | 1532 | 天文 1 | 本願寺系町人、興福寺を焼く。 |
| | 1567 | 永禄 10 | 東大寺大仏焼ける。 |
| | 1568 | 11 | 織田信長入洛。 |
| | 1569 | 12 | 大仏御身・螺髪鋳造。 |
| | 1573 | 天正 1 | 室町幕府滅亡。 |
| 安土桃山時代 | 1580 | 8 | 東大寺大仏右手鋳造。 |
| | 1594 | 文禄 3 | 太閤秀吉、吉野の花見。 |
| | 1595 | 4 | 太閤、大和国を検地。 |
| | 1600 | 慶長 5 | 関が原の役。 |
| 江戸時代 | 1604 | 9 | 吉野水分神社楼門回廊建立。 |
| | 1606 | 11 | 法隆寺伽藍修理。 |
| | 1615 | 元和 1 | 大阪夏の陣。 |
| | 1650 | 慶安 3 | 長谷寺本堂再建。 |
| | 1665 | 寛文 5 | 興福寺佐保山へ移建。 |
| | 1690 | 元禄 3 | 大仏頭部完成。 |
| | 1692 | 元禄 5 | 大仏開眼供養。 |
| | 1696 | 9 | 大仏殿大修理。 |
| | 1703 | 16 | 般若寺33ヵ所観音。 |
| | 1708 | 宝永 5 | 大仏殿再建。 |
| | 1717 | 享保 2 | 興福寺焼亡。 |
| | 1785 | 天明 5 | 吉野水分神社玉依姫命坐像。 |
| | 1802 | 享和 2 | 唐招提寺に落雷、五重塔焼失。 |
| | 1819 | 文政 2 | 興福寺中金堂再建。 |
| | 1831 | 天保 2 | 文殊院菩薩像。 |
| | 1833 | 4 | 唐招提寺開山堂・西室焼失。 |
| | 1838 | 9 | 天理教開かる。 |
| | 1848 | 嘉永 1 | 唐招提寺戒壇院焼失。 |
| 明治時代 | 1868 | 明治 1 | 廃仏毀釈。とくに興福寺の荒廃は甚しかった（現在の県庁は勧学院跡、奈良ホテルは大乗院跡。池は大乗院庭園の名残り）。 |
| | 1871 | 7 | 石上神宮禁足地調査 |
| | 1890 | 23 | 植桜楓社創立。 |
| | 1902 | 35 | 明日香村にて石彫道祖神発見。 |
| | 1912 | 45 | 小治田女王墓発見。 |
| 大正時代 | 1922 | 大正 11 | 金峯山発掘調査行われる（方形井戸・金銅宝殿等発見）。 |
| | 1926 | 15 | 法隆寺五重塔心柱下に空洞発見（心礎の確認）。 |
| 昭和時代 | 1927 | 昭和 2 | 元興寺発掘、塔心礎発見。 |
| | 1939 | 14 | 若草伽藍発掘、塔心礎発見。 |
| | 1950 | 25 | 法隆寺調査行なわれる。 |
| | 1954 | 29 | 難波宮跡発見。 |
| | 1956 | 31 | 飛鳥寺発掘調査埋蔵文物発見。 |
| | ～1957 | ～32 | |
| | 1958 | 33 | 川原寺跡発掘。 |
| | 1959 | 34 | 平城京跡発掘調査はじまる。 |
| | 1962 | 37 | 新沢126号古墳発掘。 |
| | 1965 | 40 | 一村民、高松塚古墳丘南斜面に農作物埋蔵穴を掘り凝灰岩切石をみつける。 |
| | 1966 | 41 | 藤原宮跡発掘。 |
| | 1969 | 44 | 飛鳥坐神社伝承地発掘調査はじまる。於美阿志神社十三重塔解体修理。 |
| | 1972 | 47 | 高松塚古墳発掘、極彩色の壁画発見。富雄丸山古墳発掘。 |
| | 1979 | 54 | 太安万侶の墓発見。 |
| | 1981 | 56 | 天智天皇の使った漏刻（水時計）跡発見。東大寺大仏修理工事終る。 |
| | 1983 | 58 | キトラ古墳で四神の一つ玄武像発見。 |
| | 1985 | 60 | 藤ノ木古墳で朱塗りの石棺や金銅製の鞍などの馬具発見。 |
| | 1988 | 63 | 「なら・シルクロード博」開催 |
| 平成時代 | 1991 | 平成 3 | 薬師寺が玄奘三蔵院伽藍を建立 |
| | 1993 | 5 | 法隆寺、ユネスコの世界文化遺産に登録される。 |
| | 1997 | 9 | 平城京跡に朱雀門復原。 |
| | 1998 | 10 | 法隆寺に、大宝蔵院百済観音堂完成。 |
| | 2000 | 12 | 古都奈良の文化財、ユネスコの世界文化遺産に登録される。 |
| | 2004 | 16 | 紀伊山地の霊場と参詣道、ユネスコの世界文化遺産に登録される。 |
| | 2010 | 22 | 平城京遷都1300年 |
| | 2011 | 23 | 東大寺ミュージアムオープン |
| | 2016 | 28 | 四神の館オープン |
| | 2018 | 30 | 平城宮跡歴史公園オープン 興福寺中金堂再建 |
| 令和 | 2020 | 令和 2 | 薬師寺東塔大修理完了 室生寺宝物殿完成オープン |
| | 2022 | 4 | なら歴史芸術村オープン |

## 国宝（仏像）

| 所有者 | ページ | 名前【所在・安置】 | 常時公開 |
|---|---|---|---|
| 国立博物館 | P11 | 木造薬師如来坐像 | × |
| 興福寺 | P12 | 木造四天王立像【中金堂安置】 | ○ |
| | | 乾漆十大弟子立像【国宝館安置】 | ○ |
| | | 乾漆八部衆立像（内一躯下半身欠失）【国宝館安置】 | ○ |
| | | 銅造仏頭（旧山田寺講堂本尊）【国宝館安置】 | ○ |
| | | 板彫十二神将立像【国宝館安置】 | ○ |
| | | 木心乾漆四天王立像【所在北円堂】 | × |
| | | 木造〈天燈鬼／竜燈鬼〉立像【国宝館安置】 | ○ |
| | | 木造〈無著菩薩／世観菩薩〉立像〈運慶作〉【所在北円堂】 | × |
| | | 木造維摩居士坐像〈定慶作〉【所在東金堂】 | ○ |
| | | 木造金剛力士立像【国宝館安置】 | ○ |
| | | 木造四天王立像【所在東金堂】 | ○ |
| | | 木造四天王立像〈康慶作〉【所在南円堂】 | × |
| | | 木造十二神将立像【所在東金堂】 | ○ |
| | | 木造千手観音立像【国宝館安置】 | ○ |
| | | 木造不空羂索観音坐像〈康慶作／南円堂安置】 | × |
| | | 木造文殊菩薩坐像【所在東金堂】 | ○ |
| | | 木造法相六祖坐像〈康慶作〉【所在南円堂】 | × |
| | | 木造弥勒仏坐像〈運慶作〉【所在北円堂】 | × |
| 元興寺 | P15 | 木造薬師如来立像【所在国立博物館】 | × |
| 東大寺 | P16 | 梵天・帝釈天立像【法華堂安置】 | ○ |
| | | 乾漆金剛力士立像【法華堂安置】 | ○ |
| | | 乾漆四天王立像【法華堂安置】 | ○ |
| | | 乾漆不空羂索観音立像【法華堂安置】 | ○ |
| | | 塑造〈日光仏／月光仏〉立像【所在東大寺ミュージアム】 | × |
| | | 塑造四天王立像〈【所在戒壇堂】〉 | ○ |
| | | 塑造執金剛神立像【法華堂安置】 | × |
| | | 銅造誕生釈迦仏立像 | × |
| | | 銅造盧舎那仏坐像【大仏殿安置】 | ○ |
| | | 木造金剛力士立像【所在南大門】 | ○ |
| | | 木造俊乗上人坐像【俊乗堂安置】 | × |
| | | 木造僧形八幡神坐像〈快慶作／八幡殿安置〉 | × |
| | | 木造弥勒仏坐像【東大寺ミュージアム安置】 | × |
| | | 木造良弁僧正坐像【開山堂安置】 | × |
| | | 木造公慶上人坐像【所在公慶堂】 | × |
| 新薬師寺 | P21 | 塑造十二神将立像〈（宮毘羅大将像を除く）／【所在本堂】〉 | ○ |
| | | 木造薬師如来坐像【本堂安置】 | ○ |
| 西大寺 | P22 | 木像叡尊坐像〈善春作〉【愛染堂安置】 | ○ |
| 法華寺 | P24 | 木造十一面観音立像【本堂安置】 | × |
| | | 木造維摩居士坐像【本堂安置】 | ○ |
| 唐招提寺 | P28 | 乾漆鑑真和上坐像【御影堂安置】 | × |
| | | 乾漆盧舎那仏坐像【金堂安置】 | ○ |
| | | 木心乾漆千手観音立像【金堂安置】 | ○ |
| | | 木心乾漆薬師如来立像【金堂安置】 | ○ |
| | | 木造〈梵天／帝釈天〉立像【所在金堂】 | ○ |
| | | 木造仏6躯【2躯講堂・4躯新宝蔵安置】 | × |
| | | 木造四天王立像【所在金堂】 | ○ |
| 薬師寺 | P31 | 銅造聖観音菩薩立像【東院堂安置】 | ○ |
| | | 銅造薬師如来及両脇侍像【金堂安置】 | ○ |
| | | 木造〈僧形八幡神／神功皇后／仲津姫命〉坐像【所在国立博物館】 | × |
| 法隆寺 | P39 | 乾漆行信僧都像【所在夢殿】 | × |
| | | 乾漆薬師如来坐像【西円堂安置】 | ○ |
| | | 塑造塔本四面具【五重塔安置】 | ○ |
| | | 塑造道詮律師坐像【所在夢殿】 | × |
| | | 銅造阿弥陀三尊像（伝橘夫人念持仏）【金堂安置】 | ○ |
| | | 銅造観音菩薩立像（夢違観音）【百済観音堂安置】 | ○ |
| | | 銅造釈迦三尊像〈止利作〉【金堂安置】 | ○ |
| | | 銅造薬師如来坐像【金堂安置】 | ○ |
| | | 木造観音菩薩立像（九面観音）【百済観音堂】 | ○ |
| | | 木造観世音菩薩立像（百済観音）【百済観音堂】 | ○ |
| | | 木造観世音菩薩立像【夢殿安置】 | ○ |
| | | 木造吉祥天立像【金堂安置】 | ○ |
| | | 木造四天王立像【金堂安置】 | ○ |
| | | 木造釈迦如来及両脇侍像【上御堂安置】 | × |
| | | 木造虫厨子【百済観音堂】 | ○ |
| | | 木造聖徳太子（山背王、殖栗王、卒末呂王、恵慈法師）坐像【聖霊院安置】 | ○ |
| | | 木造地蔵菩薩立像【百済観音堂】 | ○ |
| | | 木造毘沙門天立像【金堂安置】 | ○ |
| | | 木造薬師三尊像【講堂安置】 | ○ |
| 中宮寺 | P40 | 木造菩薩半跏像〈伝如意輪観音〉【本堂安置】 | ○ |
| 当麻寺 | P45 | 塑造弥勒仏坐像【金堂安置】 | ○ |
| 文殊院 | P54 | 木造騎獅文殊菩薩及脇侍像【本堂安置】 | ○ |
| 聖林寺 | P55 | 木心乾漆十一面観音立像【観音堂安置】 | × |
| 室生寺 | P57 | 木造釈迦如来坐像【所在宝物殿】 | ○ |
| | | 木造釈迦如来立像【金堂安置】 | ○ |
| | | 木造十一面観音立像【所在宝物殿】 | ○ |
| 岡寺 | P63 | 木心乾漆義淵僧正坐像【所在国立博物館】 | × |
| 吉野水分神社 | P72 | 木造玉依姫命坐像 | × |

## 名勝・特別史跡

| 名所 | ページ |
|---|---|
| 依水園 | P11 |
| 円成寺庭園 | P9 |
| 旧大乗院庭園 | P10 |
| 奈良公園 | P10 |
| 法華寺庭園 | P24 |
| 慈光院庭園 | P42 |
| 当麻寺中之坊庭園 | P45 |
| 高松塚古墳 | P64 |
| 山田寺跡 | P63 |
| 石舞台古墳 | P64 |
| 藤原宮跡 | P61 |
| 文殊院西古墳 | P54 |
| 平城宮跡 | P25 |
| 平城京左京三条二坊宮跡庭園 | P25 |
| 平城宮東院庭園 | P25 |

※内容は各物件の都合等により、予告なく変更されることがあります。記載内容は2023年11月調査分のものです。

## 国宝（建築物）

| 所有者 | ページ | 名前 | 構造及び建築様式（簡略） | 時代 |
|---|---|---|---|---|
| 興福寺 | P12 | 五重塔 | 三間五重塔婆、本瓦葺 | 室町中期 |
| | | 三重塔 | 三間三重塔婆、本瓦葺 | 鎌倉前期 |
| | | 東金堂 | 正面七間、側面四間寄棟造、本瓦葺 | 室町中期 |
| | | 北円堂 | 八角円堂、本瓦葺 | 鎌倉前期 |
| 元興寺 | P15 | 極楽坊五重小塔 | 三間五重塔婆、本瓦形板葺 | 奈良 |
| | | 極楽坊禅室 | 正面四間、側面四間、切妻造、本瓦葺 | 鎌倉前期 |
| | | 極楽坊本堂 | 正面六間、側面六間、寄棟造、本瓦葺 | 鎌倉前期 |
| 東大寺 | P16 | 開山堂 | 正面三間、側面三間、宝形造、本瓦葺 | 鎌倉前期 |
| | | 金堂（大仏殿） | 正面五間（七間）、側面五間、寄棟造、本瓦葺 | 江戸中期 |
| | | 鐘楼 | 正面一間、側面一間、入母屋造、本瓦葺 | 鎌倉前期 |
| | | 転害門 | 三間一戸八脚門、切妻造、本瓦葺 | 奈良 |
| | | 南大門 | 五間三戸二重門、入母屋造、本瓦葺 | 鎌倉前期 |
| | | 二月堂 | 懸造、正面十間、側面七間、寄棟造、本瓦葺 | 江戸中期 |
| | | 法華堂 | 正面五間、側面八間、前部入母屋造、後部寄棟造、本瓦葺 | 奈良 |
| | | 本坊経庫 | 正面三間、側面二間、校倉、寄棟造、本瓦葺 | 奈良 |
| 国（宮内庁） | P19 | 正倉院正倉 | 正面九間、側面三間、高床校倉、寄棟造、本瓦葺 | 奈良 |
| 春日大社 | P20 | 本社・本殿 | 一間社春日造、檜皮葺 | 江戸末期 |
| 新薬師寺 | P21 | 本堂 | 桁行七間、梁間五間、入母屋造、本瓦葺 | 奈良 |
| 秋篠寺 | P22 | 本堂 | 正面五間、側面四間、寄棟造、本瓦葺 | 鎌倉前期 |
| 海竜王寺 | P24 | 五重小塔 | 三間五重塔婆、本瓦形板葺 | 奈良 |
| 般若寺 | P27 | 楼門 | 一間一戸楼門、入母屋造、本瓦葺 | 鎌倉前期 |
| 唐招提寺 | P28 | 金堂 | 正面七間、側面四間、寄棟造、本瓦葺 | 奈良 |
| | | 経蔵 | 正面三間、側面三間、校倉、寄棟造、本瓦葺 | 奈良 |
| | | 鼓楼 | 正面三間、側面二間、楼造、入母屋造、本瓦葺 | 鎌倉前期 |
| | | 講堂 | 正面九間、側面四間、入母屋造、本瓦葺 | 奈良 |
| | | 宝蔵 | 正面三間、側面三間、校倉、寄棟造、本瓦葺 | 奈良 |
| 薬師寺 | P31 | 東院堂 | 正面七間、側面四間、入母屋造、本瓦葺 | 鎌倉後期 |
| | | 東塔 | 三間三重塔婆、毎重もこし付、本瓦葺 | 奈良 |
| 法隆寺 | P38 | 東西廻廊 | 折曲り延長四十～四十二間、一重、本瓦葺 | 飛鳥 |
| | | 金堂 | 正面五間、側面四間、初重もこし付、入母屋造、本瓦葺 | 飛鳥 |
| | | 経蔵 | 正面三間、側面二間、楼造、切妻造、本瓦葺 | 奈良 |
| | | 五重塔 | 三間五重塔婆、初重もこし付、本瓦葺 | 飛鳥 |
| | | 綱封蔵 | 正面九間、側面三間、高床、寄棟造、本瓦葺 | 平安前期 |
| | | 三経院及び西室 | 正面十九間、側面正面五間、背面四間、切妻造、本瓦葺 / 向拝一間、檜皮葺 | 飛鳥 |
| | | 鐘楼 | 正面三間、側面二間、楼造、切妻造、本瓦葺 | 飛鳥 |
| | | 食堂及び細殿 | 正面七間、側面四間、切妻造、本瓦葺 | 奈良 |
| | | 聖霊院 | 正面六間、側面五間、一重、切妻造、妻入、本瓦葺 / 向拝一間、檜皮葺 | 鎌倉後期 |
| | | 西円堂 | 八角円堂、本瓦葺 | 鎌倉前期 |
| | | 大講堂 | 正面九間、側面四間、入母屋造、本瓦葺 | 平安中期 |
| | | 中門 | 四間二戸二重門、側面三間、入母屋造、本瓦葺 | 飛鳥 |
| | | 東院鐘楼 | 正面三間、側面二間、袴腰付、入母屋造、本瓦葺 | 鎌倉前期 |
| | | 東院伝法堂 | 正面七間、側面四間、一重、切妻造、本瓦葺 | 奈良 |
| | | 東院夢殿 | 八角円堂、本瓦葺 | 奈良 |
| | | 東室 | 正面十二間、側面四間、切妻造、本瓦葺 | 奈良 |
| | | 東大門 | 三間一戸八脚門、切妻造、本瓦葺 | 奈良 |
| | | 南大門 | 三間一戸八脚門、入母屋造、本瓦葺 | 室町中期 |
| 法起寺 | P42 | 三重塔 | 三間三重塔婆、本瓦葺 | 飛鳥 |
| 當麻寺 | P45 | 西塔 | 三間三重塔婆、本瓦葺 | 平安前期 |
| | | 東塔 | 三間三重塔婆、本瓦葺 | 奈良 |
| | | 本堂（曼荼羅堂） | 正面七間、側面六間、寄棟造、本瓦葺 | 平安後期 |
| 石上神宮 | P52 | 摂社出雲建雄神社拝殿 | 正面五間、側面一間、切妻造、中央通路唐破風造、檜皮葺 | 鎌倉後期 |
| | | 拝殿 | 正面七間、一重、入母屋造、向拝一間、檜皮葺 | 鎌倉前期 |
| 長谷寺 | P56 | 本殿 | 【正堂】正面七間、側面四間、入母屋造、正面及び側面もこし付 | 江戸前期 |
| 室生寺 | P57 | 金堂 | 正面五間、側面五間、寄棟造、こけら葺 | 平安前期 |
| | | 五重塔 | 三間五重塔婆、檜皮葺 | 平安前期 |
| | | 本堂（灌頂堂） | 正面五間、側面五間、入母屋造、檜皮葺 | 鎌倉後期 |
| 金峯山寺 | P69 | 二王門 | 三間一戸二重門、入母屋造、本瓦葺 | 室町中期 |
| | | 本堂 | 桁行五間、梁間六間、一重もこし付、入母屋造、檜皮葺 | 桃山 |

# 奈良社寺・文化施設一覧

| | 名称 | 電話・所在地・交通・最寄 | 時間・休み | 料金・所要分ほか | 解説/ |
|---|---|---|---|---|---|
| あ | 秋篠寺<br>(あきしのでら) | 0742-45-4600　奈良市秋篠町757<br>近鉄「大和西大寺」駅北口から奈良交通バス「秋篠寺」(所要6分)、すぐ | 9時半～16時半 | 高校生以上500円、中200・小100円<br>【所要時間】20分 | 22/ |
| | 飛鳥資料館<br>(あすか) | 0744-54-3561　高市郡明日香村奥山601<br>近鉄「橿原神宮前」駅東口から明日香周遊バス(赤かめ)で「明日香奥山・飛鳥資料館西」(所要20分)、徒歩2分 | 9時～16時半(入館は～16時) 【休み】月曜(祝日の場合翌日)・12/26～1/3 | 大人 350・大 200円・高中小無料<br>【所要時間】40分 | 62/<br>5 |
| | 飛鳥寺(安居院)<br>(あすかでら(あんごいん)) | 0744-54-2126　高市郡明日香村飛鳥682<br>近鉄「橿原神宮前」駅東口から明日香周遊バス(赤かめ)で「飛鳥大仏前」(所要14分)、すぐ | 9時～17時半(10～3月は～17時)※受付は15分前まで | 大人 350・高中 250・小 200円<br>【所要時間】20分 | 62/ |
| | 飛鳥坐神社<br>(あすかにいます) | 0744-54-2071　高市郡明日香村飛鳥708<br>近鉄「橿原神宮前」駅東口から明日香周遊バス(赤かめ)で「飛鳥大仏前」(所要14分)、徒歩5分 | 参拝自由 | 【所要時間】20分 | 62/ |
| | 明日香村埋蔵文化財展示室<br>(あすかむらまいぞうぶんかざい) | 0744-54-5600 (文化財課)　高市郡明日香村飛鳥225-2<br>近鉄「橿原神宮前」駅東口から明日香周遊バス(赤かめ)で「飛鳥」(所要9分)、すぐ | 9時～17時(入館は30分前まで)<br>【休み】年末年始 | 入館無料　【所要時間】20分<br>旧飛鳥小学校の建物を利用。明日香村内出土遺物、キトラ古墳石室模型などを展示。村の文化財として発掘している最新情報のスペースもある。 | -/6 |
| | 国営飛鳥歴史公園館<br>(あすかれきしこうえんかん) | 0744-54-2441 (飛鳥管理センター)<br>高市郡明日香村平田538<br>近鉄「飛鳥」駅、徒歩9分 | 9時半～17時(12～2月は～16時半)<br>【休み】4・7・11・2月の第2月曜日(祝日の場合は翌日)/12/29～1/4 | 入館無料<br>史跡・石造物を紹介する写真パネルや立体模型、目的地までのルート・時間を検索できるタッチパネル、飛鳥に関する歴史をアニメなどで紹介。 | -/ |
| | 安倍文殊院<br>(あべもんじゅいん) | 0744-43-0002<br>桜井市阿部645<br>JR、近鉄「桜井」駅、徒歩20分/「桜井」駅北口からコミュニティバス(所要7分)で「安倍文殊院」 | 9時～17時 | Ⓐ本堂拝観中学生以上700・小500円(抹茶・菓子付)<br>Ⓑ霊宝館は中学生以上700・小500円(七まいりおさめ札・お守り付き)<br>Ⓐ+Ⓑ二ヶ所共通拝観券は中学生以上1200・小800円<br>【所要時間】30分 | 54/ |
| | 甘樫丘<br>(あまかしのおか) | 0744-54-2441 (飛鳥管理センター)<br>高市郡明日香村豊浦<br>近鉄「橿原神宮前」駅東口から明日香周遊バス(赤かめ)で「甘樫丘」(所要8分)、徒歩15分 | 見学自由 | 【所要時間】20分 | 64/6 |
| い | 斑鳩文化財センター<br>(いかるが) | 0745-70-1200<br>斑鳩町法隆寺西1-11-14<br>JR「法隆寺」駅から奈良交通バス「法隆寺参道」(所要8分)、徒歩7分 | 9時～17時(入館は30分前まで) 【休み】水曜(祝日や特別展の場合開館) 12月28日～1月3日、他 | 入館無料<br>藤ノ木古墳の主な出土品のレプリカ(馬具類・刀剣類・装身具類・土器類)などが展示されている。 | -/3 |
| | 率川神社<br>(いさがわ) | 0742-22-0832　奈良市本子守町18<br>「近鉄奈良」駅(4番出口)、徒歩7分/JR「奈良」駅、徒歩7分 | 9時～16時 | 子守神社とも呼ばれ、古来より安産・育児の神として信仰を集める。奈良最古とされる恵比須様も祀られている。 | -/8 |
| | 石舞台古墳<br>(いしぶたい) | 0744-54-3240 (飛鳥観光協会)<br>高市郡明日香村島庄133<br>近鉄「橿原神宮前」駅東口から明日香周遊バス(赤かめ)で「石舞台」(所要21分)、徒歩3分 | 9時～17時(受付は～16時45分) | 一般 300・高校生以下 100円<br>【所要時間】20分 | 64/6<br>54 |
| | 依水園・寧楽美術館<br>(いすいえん・ねいらく) | 0742-25-0781<br>奈良市水門町74<br>「近鉄奈良」駅、徒歩15分 | 9時半～16時半(入園は～16時)<br>【休み】火曜(祝日の場合翌日)、12月末～1月中旬、9月下旬 | 一般 1200・大高 500・中小 300円<br>【所要時間】30分 | 11/ |
| | 石上神宮<br>(いそのかみ) | 0743-62-0900<br>天理市布留町384<br>JR、近鉄「天理」駅、徒歩30分 | 5時半～17時半(季節により変わる)参拝自由 | 【所要時間】30分 | 52/5 |
| | 犬養万葉記念館<br>(いぬかいまんよう) | 0744-54-9300<br>高市郡明日香村岡1150<br>近鉄「橿原神宮前」駅東口から明日香周遊バス(赤かめ)で「岡寺前」(所要28分)、すぐ | 10時～17時(入館は～16時半)<br>【休み】水曜 | 入館無料　【所要時間】30分<br>「万葉風土学」を提唱した万葉学の第一人者犬養孝の記念館。犬養がかいた万葉歌墨書や原稿などを展示し、さらにカフェテラスが併設されている。 | -/6 |
| | 今井まちなみ交流センター・華甍<br>(いまい・はないらか) | 0744-24-8719<br>橿原市今井町2-3-5<br>近鉄「八木西口」駅、徒歩5分/JR「畝傍」駅、徒歩8分 | 9時～17時(入館16時半まで)<br>【休み】年末年始 | 入館無料　【所要時間】30分<br>江戸時代の町並みを残す今井町についての展示コーナー、伝統的な町家の外観などを鮮明な画像で紹介する映像シアター、また情報提供の図書閲覧室等がある。 | -/6 |
| | 今西家住宅<br>(いまにしけ) | 0744-25-3388 (今西保存会)<br>橿原市今井町3丁目9-25<br>近鉄「八木西口」駅、徒歩10分 | 10時～17時(お昼休)※入館は16時半まで<br>【休み】月曜(祝日の場合次の平日) | 高校生以上500・中学生以下250円<br>完全予約制(問合せは16時まで) | 60/ |
| | 今西家書院<br>(いまにしけしょいん) | 0742-23-2256　奈良市福智院町24-3<br>「近鉄奈良」駅、徒歩15分/JR「奈良」駅・「近鉄奈良」駅から奈良交通バス「福智院町」(所要8分・4分)、徒歩3分 | 10時～16時(入館15時半まで)<br>【休み】月・火・水曜・夏期・冬期休暇/要確認 | 一般 400円・高校生以上350円<br>室町時代の様式を伝える書院造りの建物。手入れされた庭を眺めながら抹茶がいただける(別途料金)。 | -/ |
| う | 浮見堂(鷺池)<br>(うきみどう(さぎいけ)) | 奈良市高畑町<br>JR「奈良」・「近鉄奈良」駅から奈良交通バス「春日大社表参道」(所要11分・5分)、徒歩8分 | 見学自由 | 奈良の時代からあるような雰囲気の浮見堂は実は大正5年(1916)に建てられ、のち修覆。8月15日はライトアップもされ、高円山の「奈良大文字送り火」の格好のビューポイント。 | |
| | ウワナベ古墳・コナベ古墳<br>(うわなべ・こなべ) | 奈良市法華寺町宇和奈辺<br>JR「奈良」・「近鉄奈良」駅から奈良交通バス「航空自衛隊」(所要20分・13分)、すぐ | 見学自由 | 日本古墳時代中期(5世紀)を代表する巨大な前方後円墳。東側が全長255mのウワナベ、すぐ回り収める西側がコナベで全長204m。 | 22/ |
| お | 大野寺<br>(おおのでら) | 0745-92-2220　宇陀市室生区大野1680<br>近鉄「室生口大野」駅、徒歩7分 | 8時～17時(冬季は～16時) | 大人 300・高校生以下無料<br>【所要時間】20分 | 57/5 |
| | 大神神社<br>(おおみわ) | 0744-42-6633<br>桜井市三輪1422<br>JR「三輪」駅、徒歩5分 | 参拝自由<br>宝物収蔵庫は9時～15時(毎月1日・土曜・日曜・祝日) | 大人・高校生以下100円(宝物収蔵庫)<br>【所要時間】60分 | 53/5 |
| | 岡寺(龍蓋寺)<br>(おかでら(りゅうがいじ)) | 0744-54-2007　高市郡明日香村岡806<br>近鉄「橿原神宮前」駅東口から明日香周遊バス(赤かめ)で「岡寺前」(所要28分)、徒歩10分 | 8時半～17時(12～2月は～16時半) | 大人 400・高 300・中 200円・小無料<br>【所要時間】30分<br>本堂内部の特別拝観は毎年4月～6月他 | 63/6<br>54 |
| | 鬼の俎・鬼の雪隠<br>(おにのまないた・せっちん) | 高市郡明日香村野口・下平田<br>近鉄「飛鳥」駅、徒歩15分 | 見学自由 | | 64/6 |

| 名称 | 電話・所在地・交通・最寄 | 時間・休み | 料金・所要分ほか | 解説/地図 |
|---|---|---|---|---|
| 海住山寺<br>（かいじゅうせんじ） | 0774-76-2256<br>京都府木津川市加茂町例幣海住山20<br>JR「加茂」駅から奈良交通バス「岡崎」（所要3分）、徒歩40分 | 9時～16時半 | 本堂（本尊重要文十一面観音菩薩）500円（入山料を含む）※ハイキング・写真撮影・散策等の入山料は300円（文化財特別公開期間中の入山料は300円）【所要時間】30分 | 35/34 | か |
| 海龍王寺（隅寺）<br>（かいりゅうおうじ（すみでら）） | 0742-33-5765　奈良市法華寺町897<br>JR「奈良」駅／「近鉄奈良」駅から奈良交通バス「法華寺前」（所要16分・9分）、すぐ | 9時～16時半（特別公開は～17時）【休み】8/12～17・12/24～31 | 大人500・中学100円<br>大人600・中学300・小300（特別公開時）【所要時間】30分 | 24/23 | |
| 香芝市二上山博物館<br>（かしばしにじょうさん） | 0745-77-1700<br>香芝市藤山1-1-17-19<br>「香芝」駅、徒歩12分／「近鉄下田」駅、徒歩8分 | 9時～17時（入館16時半まで）【休み】月曜（祝日の場合翌日）、12/28～1/4 | 常設展大人200・大高150・中小100円<br>令和6年4月より大人300円 | 48/45 | |
| 橿原神宮<br>（かしはら） | 0744-22-3271<br>橿原市久米町934<br>近鉄「橿原神宮前」（中央出口）、徒歩10分 | 6時～17時（季節により異なる）宝物館は土・日・祝休日開館の9時～16時（平日は10時～15時）【休み】展示替期間（宝物館） | 宝物館は大人300・大高中200・小学生以下無料<br>特別展は中学生以上700円<br>【所要時間】45分 | 60/60 | |
| 原考古学研究所附属博物館<br>（かしはらこうこがく） | 0744-24-1185　橿原市畝傍町50-2<br>近鉄「畝傍御陵前」駅、徒歩5分 | 9時～17時（入館は～16時半）【休み】月曜（祝日の場合翌日）、12/28～1/4 | 大人400・大高300・中小200円<br>※特別展はプラス入館料が必要 | 60/60 | |
| 橿原市昆虫館<br>（かしはらしこんちゅうかん） | 0744-24-7246<br>橿原市南山町624<br>近鉄「大和八木」駅南出口からかしはら市コミュニティバス「橿原市昆虫館」、すぐ | 9時半～17時（10～3月は～16時半）入館は30分前まで【休み】月曜（祝日の場合翌日）※夏休み期間を除く・年末年始 | 大人520・大高410・中小及び4才以上100円<br>【所要時間】60分 | 54/54 | |
| 春日大社<br>（かすがたいしゃ） | 0742-22-7788　奈良市春日野町160<br>JR「奈良」駅／「近鉄奈良」駅から奈良交通バス「春日大社本殿」（所要13分、8分）、すぐ／奈良交通バス「春日大社表参道」（所要11分、5分）、徒歩10分 | 参拝自由6時半～17時半（11～2月は7時～17時）本殿特別参拝は時間により変更あり | 本殿特別参拝は500円<br>※別途祭事により変更あり<br>【所要時間】90分 | 20/9 | |
| 春日大社国宝殿<br>（かすがたいしゃこくほうでん） | 同上 | 10時～17時（入館16時半まで）【休み】年4回の展示替期間 | 一般500・大高300・中小200円<br>【所要時間】30分 | 20/9 | |
| 春日大社神苑萬葉植物園<br>（かすがたいしゃしんえんまんよう） | 同上 | 9時～16時半（入園は16時まで）【休み】3月～11月無休、12～2月は月曜（祝日等は翌日） | 高校生以上500・中小250円 | 20/9 | |
| 葛城市相撲館「けはや座」<br>（かつらぎしすもうかんけはやざ） | 0745-48-4611　葛城市當麻83-1<br>近鉄「当麻寺」駅、徒歩3分 | 10時～17時【休み】火・水曜（祝日の場合は開館）・年末年始 | 高校生以上300・中小150円 | 47/45 | |
| 金屋の石仏<br>（かなやのせきぶつ） | 0744-42-9111（桜井市観光まちづくり課）<br>桜井市金屋<br>JR「三輪」駅、徒歩15分 | 見学自由 | | 54/50 | |
| 亀形石造物<br>（かめがたせきぞうぶつ） | 0744-54-4577（明日香村地域振興公社）<br>高市郡明日香村岡<br>近鉄「橿原神宮前」駅から明日香周遊バス（赤かめ）で「万葉文化館西口」（所要15分）、すぐ | 9時～17時（12月～2月は9時～16時）※入場は15分前まで【休み】年末年始・荒天時は閉場する場合あり | 高校生以上300・中学生以下100円（文化財保存協力金）<br>湧水を流水・排水する不思議な石造施設遺構。祭祀の場では、とも。花崗岩の石塊を成形して亀の形を彫ったもので、甲羅部分を水槽状に加工している。小型型石造物もある。 | -/61 | |
| 河合家住宅<br>（かわいけ） | 0744-29-7815（今井町並保存整備事務所）<br>橿原市今井町1-7-8<br>近鉄「八木西口」駅、徒歩8分 | 9時～16時半（12時～13時は休み）【休み】不定休 | 無料（1Fのみ） | 60/60 | |
| 元興寺（極楽坊）<br>（がんごうじ（ごくらくぼう）） | 0742-23-1377　奈良市中院町11<br>「近鉄奈良」駅、徒歩15分／JR奈良駅、徒歩20分／奈良交通バス「福智院町」、徒歩5分 | 9時～17時（受付16時半まで） | 大人500・高中300・小100円<br>※特別展開催時は大人600円 | 15/8 | |
| 漢国神社（林神社）<br>（かんごうじんじゃ（りん）） | 0742-22-0612　奈良市漢国町2<br>「近鉄奈良」駅1分／JR「奈良」駅、徒歩10分 | 参拝自由6時～18時 | 【所要時間】10分 | 11/8 | |
| 岩船寺<br>（がんせんじ） | 0774-76-3390　京都府木津川市加茂町岩船ノ門43<br>JR「加茂」駅から木津川市コミュニティバス「岩船寺」（所要16分）、すぐ | 8時半～17時（12～2月は9時～16時）※受付は15分前まで | 大人500・高中400・小200円<br>【所要時間】40分 | 34/34 | |
| 喜多美術館<br>（きたびじゅつかん） | 0744-45-2849<br>桜井市箸中730<br>JR線「三輪」駅、徒歩7分／近鉄「桜井」駅、徒歩15分 | 10時～17時（入館は16時半まで）【休み】月曜・木曜（祝日の場合翌日）、夏休み、年末年始 | 常設展・特別展共で大人800・大高700・中小200円（保護者同伴要） | 54/50 | き |
| 田寺（ぽっくり往生の寺）<br>（きちでんじ） | 0745-74-2651　生駒郡斑鳩町小吉田1-1-23<br>JR「法隆寺」駅、徒歩20分／近鉄「筒井」駅から奈良交通バスで「竜田神社前」（所要15分）、徒歩5分 | 9時～16時 | 300円<br>【所要時間】15分 | 43/38 | |
| キトラ古墳壁画体験館（四神の館）<br>（しじんのやかた） | 0744-54-5105　高市郡明日香村大字阿部山67<br>近鉄「飛鳥」駅から奈良交通バス（飛鳥キトラ線）で「キトラ」（所要5分・便少）、すぐ／近鉄「壺阪山」駅から徒歩12分 | 9時～17時（12月～2月は9時半～16時）【休み】年末年始 | 入館無料<br>【所要時間】60～120分<br>体験の勾玉づくりは400円～、海獣葡萄鏡づくりは料金1500円・勾玉500円、古代ガラス制作は1000円※要予約 | 65/61 | |
| 金峯神社<br>（きんぷじんじゃ） | 0746-32-3012（宮司宅）　吉野郡吉野町吉野山1651<br>吉野山ロープウェイ「吉野山」駅から120分 | 参拝自由【休み】義経隠れ塔は不定休 | 300円（義経隠れ塔の入塔料、要予約） | 72/68 | |
| 金峯山寺（蔵王堂）<br>（きんぷせんじ（ざおうどう）） | 0746-32-8371　吉野郡吉野町吉野山2498<br>吉野山ロープウェイ「吉野山」駅、徒歩10分 | 8時半～16時【休み】なし | 大人800・高中600・小400円（秘仏本尊特別開帳期間は大人1600・高中1200・小800円）【所要時間】30分 | 69/68 | |
| 弘福寺（川原寺跡）<br>（ぐふくじ（かわらでらあと）） | 0744-54-2043　高市郡明日香村川原1109<br>近鉄「橿原神宮前」駅東口から明日香周遊バス（赤かめ）で「岡橋本」（所要18分）、すぐ | 9時～17時【休み】不定休 | 300円<br>【所要時間】20分 | 64/61 | く |
| 久米寺<br>（くめでら） | 0744-27-2470　橿原市久米町502<br>近鉄「橿原神宮前」駅、徒歩6分 | 9時～17時（受付は～16時半）【休み】無休 | 境内自由大人400・高中200・小100円（本堂）、あじさい園は別途料金<br>【所要時間】20分（あじさい園20分） | 60/60 | |
| 天理市立黒塚古墳展示館<br>（くろづか） | 0743-67-3210<br>天理市柳本町1118-2<br>JR「柳本」駅、徒歩5分／JR・近鉄「天理」駅北口から奈良交通バス「柳本」（所要15分）、徒歩5分 | 9時～17時【休み】月曜（祝休日の場合翌日も休み）・祝日・年末年始 | 入館無料<br>全長132mの古墳時代前期の前方後円墳。展示館では発掘調査時の竪穴式石室や、三角縁神獣鏡などの副葬品の配列を正確に再現。 | -/50 | |
| 興福寺国宝館<br>（こうふくじこくほうかん） | 0742-22-5370<br>奈良市登大路町48<br>「近鉄奈良」駅、徒歩7分 | 9時～17時（入堂は～16時45分）【休み】無休 | 大人700・高中600・小300円東金堂との共通券は大人900・高中700・小350円<br>【所要時間】興福寺全体で60分 | 12/8 | こ |
| 興福寺中金堂<br>（こうふくじちゅうこんどう） | 0742-22-7781　「近鉄奈良」駅、徒歩7分 | 9時～17時（入堂は～16時45分）【休み】無休 | 大人500・高中300・小100円<br>【所要時間】興福寺全体で60分 | 12/8 | |
| 興福寺東金堂<br>（こうふくじとうこんどう） | 0742-22-7781　同上<br>「近鉄奈良」駅、徒歩7分 | 9時～17時（入堂は～16時45分）【休み】無休 | 大人300・高中200・小100円国宝館との共通券は大人900・高中700・小350円<br>【所要時間】興福寺全体で60分 | 12/8 | |

新型コロナウィルスの影響で拝観・見学停止や時間短縮・予約制など変更する場合がございます。詳しくは各社寺・見学施設WEBでご確認、お問合せをお願いします。

時間は季節・天候によって若干変わる場合があり、また、内容は各物件の都合等により、予告なく変更される場合があります。記載内容は2023年11月調査分のものです。

| | 名称 | 電話・所在地・交通・最寄 | 時間・休み | 料金・所要分ほか | 解説 |
|---|---|---|---|---|---|
| こ | 金剛山寺（矢田寺）<br>（こんごうせんじ（やたでら）） | 0743-53-1445<br>大和郡山市矢田町 3549<br>「近鉄郡山」駅から奈良交通バス「矢田寺」（所要 20 分、便少）、すぐ | 境内自由 8 時半～17 時 | 中学生以上 500 円・小 200 円（6 月上旬～7 月上旬の紫陽花開花期）<br>【所要時間】60 分 | 36 |
| | 興福院<br>（こんぶいん） | 0742-22-2890<br>奈良市法蓮町 881<br>JR「奈良」・近鉄「奈良」駅から奈良交通バス「佐保小学校」（所要 12 分・5 分）、徒歩 3 分 | 9 時～11 時<br>【休み】7～8 月、12 月～2 月 | 拝観料要問合せ<br>要事前予約<br>要問い合わせ | 26 |
| さ | 西大寺<br>（さいだいじ） | 0742-45-4700<br>奈良市西大寺芝町 1-1-5<br>近鉄「西大寺」駅南出口、徒歩 3 分 | 8 時半～16 時半（入堂は～16 時）<br>【休み】展示替期間（聚宝館） | 三堂（本堂・四王堂・愛染堂）共通拝観大人 800・高中 600・小 400 円。年 3 回開館の聚宝館は別途 300 円。<br>【所要時間】40 分 | 22 |
| | 酒船石<br>（さかふねいし） | 0744-54-3240（飛鳥観光協会）<br>高市郡明日香村岡<br>近鉄「橿原神宮前」駅から明日香周遊バス（赤かめ）で「岡天理教前」（所要 16 分）、徒歩 3 分 | 見学自由 | | 64 |
| | 桜井市立<br>埋蔵文化財センター<br>（さくらいしりつまいぞう） | 0744-42-6005<br>桜井市芝 58-2<br>JR・近鉄「桜井」駅北口から奈良交通バス「三輪明神参道口」（所要 6 分）、徒歩 2 分／JR「三輪」駅、徒歩 10 分 | 9 時～16 時半（入館は～16 時）<br>【休み】月・火曜（祝日の翌日は火曜の場合は水曜）・12/27～1/4 | 一般 200 円中学生以下無料 | 53 |
| | 櫻本坊<br>（さくらもとぼう） | 0746-32-5011<br>吉野郡吉野町吉野山 1269<br>吉野山ロープウェイ「吉野山」駅、徒歩 20 分 | 8 時半～16 時<br>【休み】無休 | 中学生以上 500 円・小学生以下無料。（特別公開中学生以上 800 円） | 71 |
| し | 志賀直哉旧居<br>（しがなおやきゅうきょ） | 0742-26-6490　奈良市高畑大道町 1237-2<br>JR「奈良」・近鉄奈良「奈良」駅から奈良交通バス「破石町」（所要 10 分・6 分）、徒歩 5 分 | 9 時半～16 時半（3～11 月は～17 時半）<br>※入館は 15 分前まで<br>【休み】年始年末、全館貸切日 | 高校生以上 350・中 200・小 100 円<br>【所要時間】20 分 | 20 |
| | 信貴山（朝護孫子寺）<br>（しぎさん（ちょうごそんしじ）） | 0745-72-2277　生駒郡平群町信貴山 2280-1<br>近鉄「信貴山下」駅から奈良交通バス「信貴大橋」（所要 10 分）、徒歩 5 分 | 境内自由　霊宝館 9 時～16 時半（入館は～16 時半）<br>【休み】臨時休館あり（霊宝館） | 高校生以上 300・中 200 円（霊宝館）<br>【所要時間】40 分 | 44 |
| | 慈光院<br>（じこういん） | 0743-53-3004　大和郡山市小泉町 865<br>JR「大和小泉」駅、徒歩 18 分／近鉄「大和小泉」駅から奈良交通バス「片桐西小学校」（所要 5 分）、徒歩 5 分 | 9 時～17 時 | 小学生以上 1000 円（抹茶の接待付）<br>【所要時間】40 分 | 42／3 |
| | 正倉院「正倉」外構<br>（しょうそういん・しょうそうがいこう） | 0742-26-2811　奈良市雑司町<br>JR「奈良」駅・近鉄「奈良」駅から奈良交通バス「今小路」（所要 10 分・3 分）、徒歩 8 分／奈良交通バス「東大寺大仏殿・春日大社前」（所要 8 分・4 分）、徒歩 15 分 | 10 時～15 時<br>【休み】土・日曜・祝日・振替休日・12/28～1/4・他 | 無料<br>外観見学宝物の一部は、毎年秋に「正倉院展」として奈良国立博物館で公開される。 | 19 |
| | 称念寺（今井町）<br>（しょうねんじ） | 0744-22-5509<br>橿原市今井町 3-2-29<br>近鉄「八木西口」駅、徒歩 10 分 | 開門時参拝自由 | 天文 10 年（1541）に一向宗（現在の浄土真宗）の今井兵部の道場として建立されたといわれる。今井町はこの寺の寺内町として発達したもので、本堂をはじめ鐘楼、太鼓楼、客殿、庫裏など多くの伽藍は豪壮でこの町がその昔に大きな勢力を持っていたことが伺える。 | 6 |
| | 松伯美術館<br>（しょうはく） | 0742-41-6666　奈良市登美ヶ丘 2-1-4<br>近鉄「学園前」駅から奈良交通バス「大渕橋」（所要 5 分）、徒歩 5 分 | 10 時～17 時（入館は 16 時まで）<br>【休み】月曜（祝日の場合は翌日）・展示替期間・年末年始・他 | 高校生以上 820・中小 410（平常展）※特別展は別途<br>【所要時間】30 分 | 33 |
| | 聖林寺<br>（しょうりんじ） | 0744-43-0005　桜井市下 692<br>JR・近鉄「桜井」駅から奈良交通バス「聖林寺前」（所要 8 分）、すぐ | 9 時～16 時半 | 中学生以上 600・小 300 円<br>【所要時間】20 分 | 55 |
| | 浄瑠璃寺（九体寺）<br>（じょうるりじ（くたいじ）） | 0774-76-2390　京都府木津川市加茂町西小札場 40<br>JR「加茂」駅からコミュニティバス「浄瑠璃寺前」（所要 22 分）、すぐ | 9 時～17 時（12～2 月は 10 時～16 時）※受付は 30 分前まで | 中学生以上 400 円 | 34 |
| | 新薬師寺<br>（しんやくしじ） | 0742-22-3736　奈良市高畑町 1352<br>JR「奈良」・近鉄奈良「奈良」駅から奈良交通バス「破石町」（所要 10 分・6 分）、徒歩 10 分 | 9 時～17 時 | 大人 600・高中 350・小 150 円 | 21 |
| す | 朱雀門<br>（すざくもん） | 0742-32-5106（平城宮跡管理事務所）　奈良市佐紀町<br>JR「奈良」駅・近鉄「奈良」駅から奈良交通バス「朱雀門ひろば前」（所要 11 分、17 分）、徒歩 8 分 | 9 時～16 時半（入場は 16 時まで）　【休み】月曜（祝日の場合は翌日）・年末年始・他 | 入場無料<br><br>平城宮の正門である「朱雀門」を復原。 | 25 |
| | 頭塔<br>（ずとう） | 0742-27-9866（奈良県文化財保存課）<br>奈良市高畑町 921<br>JR「奈良」・近鉄奈良「奈良」駅から奈良交通バス「破石町」（所要 10 分・6 分）、徒歩 2 分 | | ※内部修理のため、見学受付休止中 | 20 |
| せ | 石光寺<br>（せっこうじ） | 0745-48-2031<br>葛城市染野 387<br>近鉄「二上神社口」駅、徒歩 15 分 | 普段は 9 時～。8 時半～17 時（春ぼたんやしゃくやくのシーズン）【休み】12/31 | 中学生以上 400・200 円<br>【所要時間】20 分 | 48 |
| | 千光寺<br>（せんこうじ） | 0745-45-0652　奈良県生駒郡平群町鳴川 188<br>近鉄「元山上口」駅、徒歩 50 分 | 境内自由 | | 44 |
| た | 大安寺<br>（だいあんじ） | 0742-61-6312　奈良市大安寺 2-18-1<br>JR「奈良」・近鉄奈良「奈良」駅から奈良交通バス「大安寺」（所要 6 分・10 分）、徒歩 5 分 | 9 時～17 時（受付は～16 時）<br>【休み】12/31 | 大人 600・高以下 300 円（本堂・宝物殿）<br>※3・10・11 月の秘仏特別公開日は、別途 200 円。　【所要時間】30 分 | 15 |
| | 大日寺<br>（だいにちじ） | 0746-32-4354　吉野郡吉野町吉野山 2357<br>吉野山ロープウェイ「吉野山」駅、徒歩 20 分 | 9 時～17 時<br>【休み】無休 | 大学生以上 400・高中 200 円・小無料 | 70 |
| | 當麻寺<br>（たいまでら） | 0745-48-2001　葛城市當麻 1263<br>近鉄「当麻寺」駅、徒歩 15 分 | 9 時～17 時 | 中之坊拝観中学生以上 500・小 250 円<br>伽藍三堂拝観料金　【所要時間】60 分 | 45 |
| | 當麻寺西南院<br>（たいまでらさいなんいん） | 0745-48-2202<br>同上<br>近鉄「当麻寺」駅、徒歩 15 分 | 9 時～17 時 | 中学生以上 300・小学生以下 100 円<br>曼荼羅堂・金堂・講堂は中学生以上 500 円<br>特別開帳 600 円　【所要時間】15 分 | 45 |
| | 高松塚古墳<br>（たかまづかこふん） | 0744-54-3340　高市郡明日香村平田<br>近鉄「飛鳥」駅、徒歩 15 分／明日香周遊バス（赤かめ）「高松塚」、すぐ | 見学自由（外部）<br>近鉄「飛鳥」駅、徒歩 15 分 | 【所要時間】15 分 | 64 |
| | 高松塚壁画館<br>（たかまつづかへきがかん） | 0744-54-3340　高市郡明日香村平田 439<br>近鉄「飛鳥」駅、徒歩 12 分／明日香周遊バス（赤かめ）「高松塚」、すぐ | 9 時～17 時（受付は～16 時半）<br>【休み】12/29～1/3 | 大人 300・大高 130・中小 70 円<br>【所要時間】20 分 | 64 |
| | 橘寺<br>（たちばなでら） | 0744-54-2026　高市郡明日香村橘 532<br>近鉄「橿原神宮前」駅から明日香周遊バス（赤かめ）で「岡橋本」（所要 18 分）、徒歩 3 分 | 9 時～17 時（受付は～16 時半） | 大人 400・高中 300・小 200 円<br>【所要時間】30 分 | 15 |

| 名称 | 電話・所在地・交通・最寄 | 時間・休み | 料金・所要分ほか | 解説/地図 |
|---|---|---|---|---|
| 談山神社<br>（たんざん） | 0744-49-0001　桜井市多武峯 319<br>JR、近鉄「桜井」駅からコミュニティバス「談山神社」（所要 24分）、徒歩 4分 | 8時半～17時（受付は～16時半）<br>【休み】無休 | 中学生以上600・小300円（修学旅行生団体（幼・小・中・高）は一人300円）<br>【所要時間】40分 | 55/54 |
| 竹林院群芳園<br>（ちくりんいんぐんぽうえん） | 0746-32-8081　吉野郡吉野町吉野山 2142<br>吉野山ロープウェイ「吉野山」駅、徒歩 20分 | 9時～17時<br>【休み】無休 | 群芳園大人400・高中300・小200円 | 71/68 |
| 中宮寺<br>（ちゅうぐうじ） | 0745-75-2106　生駒郡斑鳩町法隆寺北 1-1-2<br>JR「法隆寺」駅から奈良交通バス「法隆寺参道」（所要 8分）、徒歩 8分／近鉄「筒井」駅から奈良交通バス「中宮寺前」（所要 9分）、徒歩 5分 | 9時～16時（10/1～3/20は～16時）15分前までに受付 | 中学生以上600・小300円<br>【所要時間】20分 | 40/38 |
| 長岳寺<br>（ちょうがくじ） | 0743-66-1051　天理市柳本町 508<br>JR「柳本」駅、徒歩 20分 | 9時～17時<br>【休み】無休 | 大人400・高350・中300・小250円<br>【所要時間】30分 | 52/50 |
| 壺阪寺（南法華寺）<br>（つぼさかでら（みなみほっけじ）） | 0744-52-2016　高市郡高取町壺阪 3<br>近鉄「壺阪山」駅から奈良交通バス「壺阪寺前」（所要 11分、便少）、徒歩 3分 | 8時半～17時 | 大学生以上600・高校生以下100円・5歳以下無料<br>※令和6年3月より大学生以上800・高校生以下200円・5歳以下無料<br>【所要時間】50分 | 65/61 |
| 伝飛鳥板蓋宮跡（飛鳥宮跡）<br>（でんあすかいたぶきのみやあと） | 0744-54-2362（飛鳥観光協会）<br>高市郡明日香村岡<br>近鉄「橿原神宮前」駅東口から明日香周遊バス（赤かめ）で「岡天理教前」（所要 16分）、徒歩 5分 | 見学自由 | 日本書紀によれば、皇極2年（643）に造営されたという宮跡。中大兄皇子と中臣鎌足が蘇我入鹿を暗殺した、大化の改新の舞台として知られる。 | 64/61 |
| 伝香寺<br>（でんこうじ） | 0742-22-1120<br>奈良市小川町 24<br>「近鉄奈良」駅、徒歩10分／JR「奈良」駅、徒歩10分 | 9時～17時<br>【休み】月曜（椿の開花時期（3月下旬）は休みなし） | 志納300円（椿の開花時期のみ400円）<br>7/23、3/12を除いて本堂内拝観不可。鑑真和上の弟子、思託律師によって開かれたといわれる。境内にある椿は奈良三名椿のひとつ。 | -/8 |
| 天理大学附属天理参考館<br>（てんりだいがくふぞくてんりさんこうかん） | 0743-63-8414<br>天理市守目堂町 250<br>JR、近鉄「天理」駅、徒歩 20分 | 9時半～16時半（入館16時まで）<br>【休み】火曜（祝日の場合翌日）・4/28・8/13～17・12/27～1/4<br>※毎月25～26・4/17～19、7/26～8/2の間は開館 | 大人500・高中小300円<br>※毎月25～26・4/17～19、7/26～8/2、1/5～7の間は開館<br>※小中学校の学校教育活動での団体見学は無料（要事前申し込み） | 51/50 |
| 唐招提寺<br>（とうしょうだいじ） | 0742-33-7900<br>近鉄「西ノ京」駅、徒歩 8分／JR「奈良」駅・「近鉄奈良」駅から奈良交通バス「唐招提寺」（所要・21分）、すぐ／奈良交通バス「唐招提寺東口」（所要 16分・20分）、徒歩 5分 | 8時半～17時（受付16時半まで） | 大人1000・高中400・小200円（特別展は別途）<br>大人1000・高中400・小300円（御影堂）※開山忌、勤行会のみ<br>大人200・高中100円（新宝蔵） | 28/28 |
| 東大寺戒壇院戒壇堂<br>（とうだいじかいだんいんかいだんどう） | 0742-22-5511　奈良市雑司町 406-1<br>JR「奈良」・「近鉄奈良」から奈良交通バス「東大寺大仏殿・春日大社前」（所要 8分・4分）、徒歩 13分 | 8時半～16時 | 中学生以上600・小300円<br>令和6年4月より中学生以上800・小400円<br>【所要時間】東大寺全体で100分 | 16/9 |
| 東大寺大仏殿（金堂）<br>（とうだいじだいぶつでん（こんどう）） | 0742-22-5511　同上<br>「奈良」駅・「近鉄奈良」駅から奈良交通バス「東大寺大仏殿・春日大社前」（所要 8分・4分）、徒歩 10分 | 7時半～17時半（11月～3月は8時～17時） | 同上（ミュージアムとの共通券は中学生以上1000・小400円）※令和6年4月より中学生以上1200・小600円 | 16/9 |
| 東大寺法華堂（三月堂）<br>（とうだいじほっけどう（さんがつどう）） | 0742-22-5511<br>同上<br>「奈良」駅・「近鉄奈良」駅から奈良交通バス「東大寺大仏殿・春日大社前」（所要 8分・4分）、徒歩 15分 | 戒壇堂と同じ | 中学生以上600・小300円<br>令和6年4月より中学生以上800・小400円 | 16/9 |
| 東大寺ミュージアム<br>（とうだいじ） | 0742-20-5511<br>奈良市水門町 100<br>「近鉄奈良」駅から奈良交通バス「東大寺大仏殿・春日大社前」（所要 8分・4分）、徒歩 5分 | 9時半～17時半（11月～3月は9時半～17時）入館30分前まで　【休み】なし。展示変えによる臨時休館あり | 同上（大仏殿との共通券は中学生以上1000・小400円）※令和6年4月より中学生以上1200・小600円 | 16/9 |
| 中野美術館<br>（なかの） | 0742-48-1167<br>奈良市あやめ池南 9-946-2<br>近鉄「学園前」駅、徒歩 8分 | 10時～16時（入館は15分前まで）　【休み】月曜・臨時休館日あり（要事前確認） | 大人600・高大500・中小250円 | 33/33 |
| 奈良県立美術館<br>（ならけんりつ） | 0742-23-3968<br>奈良市登大路町 10-6<br>近鉄「奈良」駅、徒歩 5分／同所から奈良交通バス「県庁前」（所要 1分）、すぐ | 9時～17時（入館は30分前まで）<br>【休み】月曜（祝日の場合翌日）・展示替期間・年末年始 | 大人400・高大250・中小150円（館蔵品展）<br>毎週土曜日は中小無料（特別展は除く）<br>※毎週土曜日は小中高生も無料（特別展を除く）<br>※特別展の内容によって異なる | 11/8 |
| 奈良県立民俗博物館<br>（ならけんりつみんぞく） | 0743-53-3171　大和郡山市矢田町 545<br>近鉄「郡山」駅から奈良交通バス「矢田東山」（所要 17分）、徒歩 10分 | 9時～17時（入館は30分前まで）<br>【休み】月曜（祝日の場合翌日）・12/28～1/4 | 大人200・大学生150円・高中小無料<br>【所要時間】40分 | 36/36 |
| なら工藝館<br>（ならこうげいかん） | 0742-27-0033<br>奈良市阿字万字町 1-1<br>JR「奈良」駅、徒歩 18分／「近鉄奈良」駅、徒歩 10分 | 10時～18時（入館17時半まで）<br>【休み】月曜（祝日の場合翌日）・祝日の翌日（土・日曜・祝日を除く）・年末年始・展示替期間 | 入館無料<br>漆器、一刀彫、赤膚焼、乾漆、古楽面、筆、墨、奈良晒、鹿角細工など、奈良工芸の優れた作品やその製作道具、材料などを展示。 | -/8 |
| 奈良国立博物館<br>（ならこくりつ） | 050-5542-8600（ハローダイヤル）<br>奈良市登大路町 50<br>「近鉄奈良」駅、徒歩 15分／同駅から奈良交通バス「氷室神社・国立博物館」（所要 2分）、すぐ | 9時半～17時（金土曜は名品展～20時）入館は共に30分前まで<br>【休み】月曜（祝日の場合翌日）・12/28～1/1 ※変更する場合あり | 大人700・高350・高中小無料（名品展）<br>※2/3・5/18・関西文化の日（11月頃）は名品展<br>正倉院展は10月下旬～11月上旬 | 10/9 |
| 奈良市音声館<br>（ならしおんじょうかん） | 0742-27-7700<br>奈良市鳴川町 32-1<br>「近鉄奈良」駅、徒歩 15分／同駅から奈良交通バス「北京終町」（所要 14分）、徒歩 5分 | 9時～17時<br>【休み】月曜（祝日の場合翌日）・祝日の翌日（土・日曜を除く）・年末年始 | 入館無料<br>奈良に伝わる童歌や伝統芸能の紹介や郷土芸能の教室や講座の開催など、市民やならまちを訪れる方々のふれあいと集いの場。 | -/8 |
| 奈良市観光センター「ナラニクル（NARANICLE）」<br>（ならしかんこう） | 0742-22-3900<br>奈良市上三条町 23-4<br>「近鉄奈良」駅、徒歩 5分／JR「奈良」駅、徒歩 5分 | 入場無料<br>【休み】無休 | 奈良観光の拠点として、総合案内、「歴史街道」の案内など、さまざまな相談に応じている。伝統工芸をはじめる観光みやげの展示コーナーもあり、外国語案内もできるという。 | -/8 |
| 奈良市写真美術館<br>（ならししゃしん） | 0742-22-9811<br>奈良市高畑町 600-1<br>JR「奈良」駅・「近鉄奈良」駅から奈良交通バス「破石町」（所要 10分・6分）、徒歩 10分 | 9時半～17時（入館16時半まで）<br>【休み】月曜（祝日の場合翌日）・祝日の翌日（土・日曜を除く）・12/27～1/3・展示替期間 | 大人500・高大200・中小100円<br>毎週土曜日は高校生以下無料<br>毎月第2・第4土曜日の午後2時より作品解説がある。 | 21/9 |

た
ち
つ
て
と
な

# 奈良社寺・文化施設一覧

| | 名称 | 電話・所在地・交通・最寄 | 時間・休み | 料金・所要分ほか | 解説 |
|---|---|---|---|---|---|
| **な** | 奈良市総合観光案内所<br>（ならしそうごうかんこうあんないしょ） | 0742-27-2223　奈良市三条本町（奈良駅北東隣）<br>JR奈良駅、すぐ | 9時〜19時<br>【休み】無休 | 入館無料 | 10/ |
| | 奈良市ならまち格子の家<br>（ならしならまちこうしのいえ） | 0742-23-4820　奈良市元興寺町44<br>JR「京終」駅、徒歩10分／「奈良」駅・「近鉄奈良」駅から奈良交通バス「田中町」（所要8分・15分）、徒歩2分 | 9時〜17時<br>【休み】月曜（祝日の場合翌日・祝日の翌日（土・日曜を除く）・12/26〜1/5 | ならまちの伝統的な町家を再現。昔の奈良の町家の生活様式に直接ふれ、町民の暮らしぶりをうかがえる。 | -/8 |
| | 奈良市埋蔵文化財調査センター<br>（ならしまいぞうぶんかざい） | 0742-33-1821　奈良市大安寺西二丁目281<br>「近鉄奈良」駅から奈良交通バス「大安寺西二丁目」（所要19分）、すぐ | 9時〜17時（入館は16時半まで）<br>【休み】土・日曜・祝日・12/29〜1/3 | 入場無料<br>展示室では発掘調査の成果（出土品等）を公開、また、遺物の整理作業も見学できる。 | -/6 |
| | 奈良市立史料保存館<br>（ならしりつしりょう） | 0742-27-0169　奈良市脇戸町1-1<br>「近鉄奈良」駅から徒歩15分、JR「奈良」駅から徒歩20分 | 9時〜17時（入館は16時半まで）<br>【休み】月曜（祝日の場合翌日・祝日の翌日（土・日曜を除く）・年末年始・他 | 入館無料<br>主に近世・近代の貴重な資料を保存し、史料の一部を展示。奈良奉行所復元模型もある。 | -/8 |
| | 奈良豆比古神社<br>（ならづひこ） | 0742-23-1025　奈良市奈良阪町2489<br>JR「奈良」駅・「近鉄奈良」駅から奈良交通バス「奈良阪」（所要15分・8分）、徒歩5分 | 参拝自由 9時〜17時 | | 27/3 |
| | 奈良町資料館<br>（ならまち） | 0742-22-5509　奈良市西新屋町14<br>「近鉄奈良」駅から徒歩15分／JR「奈良」駅から徒歩20分 | 10時〜16時<br>【休み】火・水・木曜（祝日を除く） | 入館無料<br>江戸時代の看板をはじめ、奈良町に伝わる民具や美術品を展示。「身代わり申」が有名。 | -/8 |
| | 奈良町物語館<br>（ならまちものがたりかん） | 0742-26-3476<br>奈良市中新屋町2-1<br>「近鉄奈良」駅、徒歩13分 | 10時〜17時<br>【休み】不定休。お盆・年末年始 | 入館無料<br>築100年の酒蔵を修復した建物。木の暮らし相談や町づくりセミナー、展示会なども開催。 | -/8 |
| | なら歴史芸術文化村<br>（なられきしげいじゅつぶんかむら） | 0743-86-4420<br>天理市杣之内町437-3<br>JR・近鉄「天理駅」から直行バスで10分又は徒歩40分 | 9時〜17時（にぎわい市場・文化村工芸館は〜18時）<br>【休み】月曜（祝日の場合翌日）・12/28〜1/4 | 【所要時間】60分〜 | 51/5 |
| **に** | 如意輪寺<br>（にょいりんじ） | 0746-32-3008　吉野郡吉野町吉野山1024<br>近鉄「吉野」駅、徒歩35分 | 9時〜16時（観桜期は8時半〜17時） | 大人500・高中200・小100円（宝物殿・庭園）<br>【所要時間】60分 | 71/6 |
| **は** | 長谷寺<br>（はせでら） | 0744-47-7001<br>桜井市初瀬731-1<br>近鉄「長谷寺」駅、徒歩15分 | 8時半〜17時<br>（10〜11月・3月は9時〜、12〜2月は9時〜16時半） | 中学生以上500・小250円（入山料）、特別拝観は1000円（入山料別途）、宗宝蔵は春と秋に開館 【所要時間】60分 | 56/5 |
| | 般若寺<br>（はんにゃじ） | 0742-22-6287<br>奈良市般若寺町221<br>JR「奈良」駅・「近鉄奈良」駅から奈良交通バス「般若寺」（所要13分・6分）、徒歩3分 | 9時〜17時（1月・2月・7月・8月・12月は〜16時）※特別拝観は〜15時、受付はいずれも30分前まで | 大人500・高中200・小100円（アジサイ・コスモス期は大人700・高中300・小200円） 【所要時間】30分 | 27/2 |
| **ひ** | 氷室神社（奈良市）<br>（ひむろ） | 0742-23-7297　奈良市春日野町1-4<br>「近鉄奈良」駅から徒歩15分／「奈良」駅・「近鉄奈良」駅から奈良交通バス「氷室神社・国立博物館前」（所要8分・2分）、すぐ | 参拝自由<br>6時〜18時（11月〜3月は6時半〜17時半） | | 9/9 |
| | 白毫寺<br>（びゃくごうじ） | 0742-26-3392　奈良市白毫寺町392<br>「奈良」駅・「近鉄奈良」駅から奈良交通バス「高畑町」（所要14・7分）、徒歩20分／同駅から奈良交通バス「白毫寺」（所要13分・9分、便少）、徒歩10分 | 9時〜17時 | 大人500・高中300・小200円<br>【所要時間】30分<br>五色椿は3月下旬〜4月上旬までが見頃 | 21/8 |
| **ふ** | 福智院<br>（ふくちいん） | 0742-22-1358<br>奈良市福智院町46<br>JR「奈良」駅・「近鉄奈良」駅から奈良交通バス「福智院町」（所要8分・4分）、徒歩1分 | 9時〜16時半<br>【休み】不定休 | 中学生以上500・小250円（特別拝観中は+100円）<br>天平8年（736）に興福寺の僧玄昉が開いた。清水寺の後身といわれ、鎌倉時代に叡尊により再興されたと伝えられる。 | -/9 |
| | 藤ノ木古墳<br>（ふじのきこふん） | 0745-70-1200（斑鳩文化財センター）<br>生駒郡斑鳩町法隆寺西2-1795<br>近鉄「王寺」駅から奈良交通バス「斑鳩町役場前」（所要10分）、徒歩5分／バス停法隆寺門前、徒歩5分 | 見学自由 | 副葬品のレプリカを「斑鳩文化財センター（斑鳩町法隆寺西1-11-14）」で展示。<br>9時〜17時無料（特別展を除く） | 43/3 |
| | 藤原宮跡<br>（ふじわらきゅうせき） | 橿原市醍醐町・高殿町<br>近鉄「耳成駅」・JR「畝傍」駅、徒歩30分 | 見学自由 | 菜の花、ハナショウ、コスモス | 61/6 |
| | 藤原宮跡資料室<br>（ふじわらきゅうせきてんじ） | 0744-24-1122　橿原市木之本町宮之堀94-1<br>近鉄「耳成」駅・JR「香久山」駅、徒歩20分 | 9時〜16時半<br>【休み】年末年始・展示替期間 | 入館無料 | 62/6 |
| | 藤原京資料室<br>（ふじわらきょう） | 0744-21-1114（世界遺産登録推進課）<br>橿原市縄手町178-1　（JAならけん橿原東部経済センター2F）<br>近鉄「大和八木駅」からコミュニティバス「橿原市藤原京資料室前」（所要19分、便少）、すぐ | 9時〜17時（入室は16時半まで）<br>【休み】月曜（祝祭日の場合は翌日）・年末年始 | 入館無料<br>展示物は、藤原京の1,000分の1模型（約6m×7m）や、出土品（柱や瓦）、解説パネル、当時の柱を再現したもの、記念撮影用看板、古代衣装をまとった人形など。 | -/6 |
| | 不退寺<br>（ふたいじ） | 0742-22-5278　奈良市法蓮町517<br>近鉄「新大宮」、徒歩15分／JR「奈良」駅・「近鉄奈良」駅から奈良交通バス「一条高校前」（所要14分・7分）、徒歩5分 | 9時〜17時（受付は〜16時50分）<br>【休み】無休 | 大人500、高中500、小200円（平常展）<br>3月〜5月・10月〜11月の特別展は、大人600・高中400・小300円（5/28の業平忌は+100円）<br>【所要時間】30分 | 26/2 |
| **へ** | 平城宮いざない館<br>（へいじょうきゅういざないかん） | 0742-36-8780（平城宮跡管理センター）<br>奈良市二条大路南3-5-1<br>JR「奈良」駅・「近鉄奈良」駅から奈良交通バス「朱雀門ひろば前」（所要11分・17分）、すぐ | 9時〜17時（入場は〜16時half）<br>【休み】2・4・7・11月の第2月曜（祝日の場合は翌日）、12/29〜1/1 | 入場無料 | 25/2 |
| | 平城宮跡資料館<br>（へいじょうきゅうせき） | 0742-30-6753（奈良文化財研究所）<br>奈良市佐紀町2-9-1<br>近鉄「大和西大寺」駅、徒歩15分／同駅から奈良交通バス「二条町」、徒歩2分 | 9時〜16時半（入館は〜16時）<br>【休み】月曜（祝日の場合翌日）・年末年始 | 入館無料<br>【所要時間】20分 | 25/2 |
| | 平城宮跡遺構展示館<br>（へいじょうきゅうせきいこう） | 0742-32-5106（平城宮跡管理事務所）<br>奈良市佐紀町<br>近鉄「大和西大寺」駅から徒歩20分／JR「奈良」駅・「近鉄奈良」駅から奈良交通バス「平城宮跡」（所要22分・15分）、すぐ | 9時〜16時半（入館は〜16時）<br>【休み】月曜（祝日の場合翌日）・年末年始 | 入場無料<br>【所要時間】30分 | 25/2 |
| | 平城宮跡東院庭園<br>（へいじょうきゅうせきとういんていえん） | 0742-32-5106（平城宮跡管理事務所）<br>奈良市佐紀町<br>JR「奈良」駅・「近鉄奈良」駅から奈良交通バス「平城宮跡・遺構展示館」（所要22分・15分）、徒歩10分 | 9時〜16時半（入園16時まで）<br>【休み】月曜（祝日の場合翌日） | 入場無料<br>【所要時間】20分 | 25/2 |
| | 平城京左京三条二坊二坊宮跡庭園<br>（へいじょうきょうさきょうさんじょうにぼうみやあと） | 0742-34-5369　奈良市三条大路1-5-37<br>JR「奈良」駅・「近鉄奈良」駅から奈良交通バス「宮跡庭園」（所要8分・15分）、すぐ | 9時〜17時（入園16時半まで）<br>【休み】水曜（祝日の場合翌日）・祝日の翌日・年末年始・他 | 入場無料<br>【所要時間】15分 | 25/2 |

| 名称 | 電話・所在地・交通・最寄 | 時間・休み | 料金・所要分ほか | 解説 / 地図 | |
|---|---|---|---|---|---|
| 法起寺<br>(ほうきじ) | 0745-75-5559　生駒郡斑鳩町大字岡本1873<br>JR・近鉄「王寺」駅から奈良交通バス「法起寺口」(所要13分)、徒歩10分／「近鉄郡山」駅から奈良交通バス「法起寺前」(所要19分、便少)、すぐ | 8時半～17時(11/4～2/21は～16時半) | 中学生以上300・小200円<br>【所要時間】20分 | 42/38 | ほ |
| 宝山寺(生駒聖天)<br>(ほうざんじ(いこましょうてん)) | 0743-73-2006　生駒市門前町1-1<br>近鉄「生駒」駅、徒歩10分 | 参拝自由<br>諸堂8時～16時 | 【所要時間】30分 | 44/44 | |
| 法隆寺<br>(ほうりゅうじ) | 0745-75-2555　生駒郡斑鳩町法隆寺山内1-1<br>JR「法隆寺」駅から奈良交通バス「法隆寺参道」(所要8分)、すぐ／近鉄「筒井」駅から奈良交通バス「法隆寺前」(所要12分)、徒歩5分／法輪寺から徒歩20分 | 8時～17時(11/4～2/21は～16時) | 中学生以上1500・小750円(西院伽藍内・大宝蔵院・東院伽藍内共通)<br>【所要時間】150分 | 38/38 | |
| 法輪寺<br>(ほうりんじ) | 0745-75-2686　生駒郡斑鳩町三井1570<br>JR・近鉄「王寺」駅から奈良交通バス「中宮寺前」(所要14分)、徒歩15分／「近鉄郡山」駅から奈良交通バス「法起寺前」(所要19分、便少)、徒歩10分 | 8時～17時(12月～2月は～16時半) | 大人500・高中400・小200円<br>特別拝観時は別途100円<br>【所要時間】20分 | 41/38 | |
| 法華寺<br>(ほっけじ) | 0742-33-2261<br>奈良市法華寺町882<br>JR「奈良」駅・「近鉄奈良」駅から奈良交通バス「法華寺前」(所要16分・9分)、徒歩3分 | 9時～16時半 | 高校生以上700・中小350円(通常拝観料)<br>高校生以上800・中小400円(3～6月特別公開時)<br>※本尊特別開扉は高校生以上1000・中小500円<br>【所要時間】30分 | 24/23 | |
| 松尾寺<br>(まつおでら) | 0743-53-5023　大和郡山市山田町683<br>「近鉄郡山」駅から奈良交通バス「松尾寺口」(所要27分)、徒歩30分(2km) | 9時～16時 | 境内無料、秘仏特別開扉や寺宝特別公開時は拝観料500～1000円<br>【所要時間】30分 | 36/36 | ま |
| 万葉文化館<br>(万葉ミュージアム)<br>(まんようぶんかかん) | 0744-54-1850<br>高市郡明日香村飛鳥10<br>近鉄「橿原神宮前」駅東口から明日香周遊バス(赤かめ)で「万葉文化館西口」(所要15分)、徒歩3分 | 10時～17時半(入館～17時)<br>【休み】月曜(祝日の場合翌日)・年末年始・展示替期間 | 一般展示室・特別展示室は観覧無料、展覧会は有料※展示内容による<br>「万葉集」をテーマにしたミュージアム。万葉の時代が体感できる空間や、万葉歌人を紹介する万葉劇場を備え、他に日本画展示室、万葉庭園、さやけしルームなどで構成。<br>※小・中・高等の学校行事の場合、事前申請で観覧可 | -/61 | |
| 三井瓦窯跡<br>(みいかわらかまあと) | 生駒郡斑鳩町三井<br>「近鉄郡山」駅から奈良交通バス「法起寺前」(所要19分、便少)、徒歩7分 | 見学自由 | 登録形式の窯跡。白鳳時代の窯の跡で法輪寺や法起寺などの瓦を焼いたと推定されている | -/38 | み |
| 室生寺<br>(むろうじ) | 0745-93-2003<br>宇陀市室生78<br>近鉄「室生口大野」駅から奈良交通バス「室生寺前」(所要14分、便少)、徒歩5分 | 8時半～17時(12月～3月は9時～16時)<br>宝物殿は拝観時間の30分後より30分前まで開館※受付は30分前まで | 中学生以上600・小400円<br>宝物殿は別途400円(一律)<br>【所要時間】45分 | 57/58 | む |
| 名勝大乗院庭園文化館<br>(めいしょうだいじょういんていえんぶんかかん) | 0742-24-0808<br>奈良市高畑町1083-1<br>JR「奈良」駅・「近鉄奈良」駅から奈良交通バス「奈良ホテル」(所要6分・3分)、徒歩1分 | 9時～17時<br>【休み】月曜(祝日の場合翌日)・祝日の翌日(土日を除く)・年末年始 | 入館無料旧大乗院庭園は高校生以上200・中小100円　【所要時間】20分<br>かつては興福寺の門跡寺院の一つであった。庭園は善阿弥とその子で大改修されたもので、戦後に庭園から復元した模型や関係資料を展示する施設。 | -/9 | め |
| 薬師寺<br>(やくしじ) | 0742-33-6001　奈良市西ノ京町457<br>JR「奈良」駅・「近鉄奈良」駅から奈良交通バス「薬師寺」(所要18分・22分)、すぐ／同駅より奈良交通バス「薬師寺東口」(所要17分・21分)、徒歩5分／近鉄「西ノ京」駅、すぐ | 8時～17時(受付16時半まで)<br>【休み】詳しくは公式HPで確認 | 令和6年3月より大人1000・高中600・小200円※白鳳伽藍(金堂・大講堂・東院堂)<br>※特別公開は別途大人1000・高中500・小100円<br>【所要時間】70分 | 31/28 | や |
| 山田寺跡<br>(やまだでらあと) | 桜井市山田1258<br>飛鳥資料館から東に徒歩10分 | 見学自由 | | 63/61・54 | |
| 大和文華館<br>(やまとぶんかかん) | 0742-45-0544<br>奈良市学園南1-11-6<br>近鉄「学園前」駅、徒歩7分 | 10時～17時(入館16時まで)<br>【休み】月曜(祝日の場合翌日) | 大人630・大高420、中小無料(平常展)<br>大人950・大高730円、中小無料(特別展)<br>【所要時間】30分 | 33/33 | |
| 大和民俗公園・奈良県立民俗博物館<br>(やまとみんぞく) | 0743-53-3171　(民俗博物館)<br>大和郡山市矢田町545<br>「近鉄郡山」駅から奈良交通バス「矢田東山」(所要17分)、徒歩10分 | 9時～17時(入館16時まで)<br>9時～16時(古民家)<br>【休み】月曜(祝日の場合翌日)・年末年始 | 入館は大人200・大学生以下150円<br>※入園は無料<br>【所要時間】60分 | 36/36 | |
| 瑜伽神社<br>(ゆうが) | 奈良市高畑町1059<br>JR「奈良」駅・「近鉄奈良」駅から奈良交通バス「奈良ホテル」(所要7分・3分)、徒歩3分 | 参拝自由 | 【所要時間】30分 | 20/9 | ゆ |
| 吉城園<br>(よしきえん) | 0742-22-5911　(茶室利用受付)<br>奈良市登大路町60-1<br>JR「近鉄奈良」駅から同駅より奈良交通バス「県庁東」(所要1分)、徒歩3分 | 9時～17時(入園16時半まで)<br>【休み】2/24～2/末 | 入園無料<br>【所要時間】30分 | 11/9 | よ |
| 吉野水分神社<br>(よしのみくまりじんじゃ) | 0746-32-3012・2717<br>吉野郡吉野町吉野山1612<br>吉野ロープウェイ「吉野山」駅、徒歩90分 | 参拝自由<br>【休み】8時～16時(4月は8時～17時) | 【所要時間】20分<br>※人が常駐していないので注意 | 72/68 | |
| 吉水神社<br>(よしみず) | 0746-32-3024<br>吉野郡吉野町吉野山579<br>吉野ロープウェイ「吉野山」駅、徒歩20分 | 9時～17時(書院)※受付16時半まで | 書院(元吉水院)大人600・高中400・小300円<br> | 70/68 | |
| 璉珹寺(紀寺)<br>(れんじょうじ(きでら)) | 0742-22-4887<br>奈良市西紀寺町45<br>JR「奈良」駅・「近鉄奈良」駅から奈良交通バス「紀寺町」(所要10分・13分)、徒歩2分／同駅より奈良交通バス「田中町」(所要8分・14分)、徒歩2分 | 9時～17時※5/1～5/31のみ公開(秘仏) | 大人500・高中300円<br>本尊の阿弥陀如来立像は「はだか阿弥陀像」と呼ばれる裸形像で、50年ごとに着衣の袴が取り替えられる。脇侍の観音・勢至菩薩像は重要文化財。 | -/6 | れ |
| 鹿苑<br>(ろくえん) | 0742-22-2388　(奈良の鹿愛護会)<br>奈良市春日野町160-1<br>JR「奈良」駅・「近鉄奈良」駅から奈良交通バス「春日大社表参道」(所要9分・5分)、徒歩7分 | 10時～16時<br>【休み】月曜、鹿の角きり行事、年末年始 | 無料(協力金100円)<br>※鹿の角切りは10月の上旬に3回程実施(中学生以上1000・4歳以上500円) | -/9 | ろ |
| 若草山<br>(わかくさやま) | 0742-22-0375　(奈良公園管理事務所)<br>奈良市雑司町469<br>JR「奈良」駅・「近鉄奈良」駅から奈良交通バス「東大寺大仏殿・春日大社前」(所要10分・4分)、山麓まで徒歩10分、山頂まで35分。 | 9時～17時(山開きは3月第3土曜から12月第2日曜まで) | 中学生以上150・小80円(入山料)<br>標高342ｍ。3つの笠が重なっていることから、三笠山とも呼ばれる。毎年1月第4土曜日に山焼きが行われる。 | 19/9 | わ |

新型コロナウィルスの影響で拝観・見学停止や時間短縮・予約制など変更する場合がございます。詳しくは各社寺・見学施設WEBのご確認、お問合せをお願いします。
時間は季節・天候によって若干変わる場合があり、また、内容は各物件の都合等により、予告なく変更される場合があります。記載内容は2023年11月調査分のものです。

## 奈良の旅・問合せ先

| | | | |
|---|---|---|---|
| 奈良市観光センター | 0742-22-3900 | 明日香村地域振興公社 | 0744-54-9200 |
| 奈良市総合観光案内所 | 0742-27-2223 | 飛鳥観光協会 | 0744-54-3240 |
| 近鉄奈良駅総合観光案内所 | 0742-24-4858 | 吉野山観光協会 | 0746-32-1007 |
| 奈良公園事務所 | 0742-22-0375 | 吉野ビジターズビューロー | 0746-34-2522 |
| 奈良市観光経済部観光戦略課 | 0742-34-4739 | 吉野町観光案内所 | 0746-39-9237 |
| 奈良市柳生観光協会 | 0742-94-0002 | 奈良県旅館・ホテル生活衛生同業組合 | |
| 奈良県産業・観光・雇用振興部観光局 | | | 0742-32-3523 |
| | 0742-22-1101(代表) | 近畿日本鉄道(近鉄電車テレフォンセンター) | |
| 奈良県ビジターズビューロー | 0742-23-8288 | | 050-3536-3957 |
| 大和郡山市観光協会 | 0743-52-2010 | 〃 (お忘れ物専用ダイヤル) | 050-3536-3942 |
| 天理市観光協会 | 0743-63-1242 | JR西日本お客さまセンター | 0570-00-2486 |
| 橿原市観光協会 | 0744-20-1123 | 〃 (お忘れ物専用ダイヤル) | 0570-00-4146 |
| 桜井市観光協会 | 0744-42-7530 | 奈良交通(お客様サービスセンター) | 0742-20-3100 |
| 五條市観光協会 | 0747-22-4001 | 〃 総合予約センター | 0742-22-5110 |
| 生駒市観光協会 | 0743-74-1111 | 吉野大峰ケーブル自動車(吉野ロープーウェイ) | |
| 斑鳩町観光協会 | 0745-74-6800 | | 0746-39-0010・9254 |

著者プロフィール

**木下長宏**(きのした・ながひろ) 横浜国立大学名誉教授

同志社大学文学部を卒業後、京都芸術短期大学(現 瓜生山学園 京都芸術大学)で美術史を教え、主に東アジア美術史を中心に、日本の近代から現代にかけての芸術上の諸問題を研究。その間、1980・81年には中国・敦煌石窟、1983~85年にかけてはフランスにおけるアジアと日本芸術に関する研究の成果等の調査研究を行う。
1998年4月、横浜国立大学人間科学部教授に就任。美術と文学の歴史を見据えた芸術思想史の研究をテーマに、幅広い学究活動に取り組んでいる。2005年定年退職。

●本書は、小社のロングセラーとして多くの読者からご好評をいただいている『散策&観賞奈良大和路編』より最新データを加味して、よりビジュアルで読みやすく再編集したものです。奈良・大和路の散策や、車窓のお供にご利用いただければ幸いです。
なお、本誌の編集にあたっては、多くの方々に写真提供および掲載許可、資料提供、取材等にご協力頂きました。ご厚情、ご高配に感謝し、併記して謝辞に代えさせていただきます。

株式会社飛鳥園 飛鳥寺 財団法人飛鳥文化財団・高松塚壁画館 植田英介 岡寺
香芝市二上山博物館 春日大社 喜多美術館 近畿日本鉄道株式会社 興福寺 西大寺
桜井市教育委員会・桜井市埋蔵文化財センター 株式会社小学館 財団法人松伯美術館 聖林寺
新薬師寺 中宮寺 天理大学付属天理参考館 唐招提寺 東大寺 財団法人中野美術館
奈良県企画部文化観光課 奈良県立橿原考古学研究所付属博物館 奈良県立美術館
奈良県立民俗博物館 奈良国立博物館 奈良国立文化財研究所藤原宮跡資料室
奈良国立文化財研究所平城宮跡資料館 奈良市経済部観光課 財団法人寧楽美術館 長谷寺
フォト・マツダ 法隆寺 法華寺 室生寺 薬師寺 財団法人大和文華館 吉野山観光協会
平城宮跡管理センター 飛鳥管理センター
(順不同・敬称略)

奈良社寺案内
## 散策&観賞 奈良大和路編 最新版
定価600円(本体545円+税10%)
2024年1月1日 第1版第1刷発行
編著者/木下長宏、ユニプラン編集部
編集協力/編集制作室ヴァーユ
地図制作/村田工房
発行人/橋本良郎

発行所/株式会社ユニプラン
〒601-8213
京都市南区久世中久世町1丁目76
TEL.(075)934・0003
FAX.(075)934・9990
振替口座 01030-3-23387
印刷所/株式会社 プリントパック

ISBN978-4-89704-592-4 C2026